笹川友里

ポジティブマインドセット

Positive Mindset

プラス15%の前向きさで人生を好転させる方法

KADOKAWA

はじめに

この本を手に取っていただき、ありがとうございます。

私は元々、自分に自信を持てず、自分はこういう人間だと型を自分でつくってはめ込んで生きていたり、人に嫌われるのが怖くて周りに必要以上に気を配りながら生きていました。

とくにシャカリキに働いていた20代は、仕事も忙しく、漠然とした将来への不安やモヤモヤを抱えながら生きてきて、辛い時期でもありました。

ただ、年を重ね30代半ばに近づいた今、結婚・出産・独立・起業とさまざまなライフイベントや働き方の変化が一気に押し寄せ、チャレンジや失敗を経験する中で少しずつ自分が変わってきたように感じます。

元々自分に自信がなく
周りがまぶしく見えた

なぜ30代になり、気持ちがラクになったか。

それは、20代の苦しい時期に目の前のことから逃げずに、自分なりに地道に頑張ってきたから。

私の場合、AD（アシスタントディレクター）から人事異動でアナウンサーになるという、人とは違うキャリアを歩んできました。プレッシャーとやりがいが一体となった生放送の現場で自分なりに試行錯誤しながら、一歩進んだり二歩下がったりという毎日。おそらくあのとき、少しでも手を抜いたり、頑張りきらずにいたら、30代になった今も後悔が残っていたと思います。そんな環境で働かせてもらったことは自分の中で大きな財産になっています。

不器用でもいいので、目の前のことに100％で向き合って生きる。そんな20代を過ごせたことが、今の自分につながっています。

小さな
努力や失敗、
経験を
重ねることで
自信が持てるように

30代になると、仕事と子育ての両立に悩み、ライフステージの選択を迫られる方も多くなると思います。ただ、自分の足で立って活躍されている方々を見ると、仕事も子育ても「いよいよ両立できなくなってしまった」という瞬間が来るまではどちらも譲らないという方が多いのです。

私も冷静に自分を見てみると、起業したり、サウナを造ったり、雑誌のモデルをしたり、洋服を作ったり、新たなことをいろいろ始めていて、結構欲張っているなと（笑）。

30代は失敗をたくさんしてみようと決めていました。今のところいい感じに失敗経験を重ねているので、この調子でまだまだ失敗してみようと思います。

少しだけ前向きになって
思考を変えるだけで
その先の人生が変わると思います

STRIDER
SPORT

Sau

そして自分が変わったり、気持ちがラクになれた大きな理由は、日々の思考や行動、癖をちょっとだけ変えてみたことが大きかったかもしれません。

生まれもった性格を変えるというのは、かなり難しいことだと思います。「自分に自信がない」という人が、突然「ポジティブ全開！」となれるかと言えば、かなりハードルが高いですよね。

だからこそ、日々の思考や癖を10％でも15％でもいいから変えてみる。そうすることで、5年後には大きな変化をもたらしているかもしれません。

そして、小さな目標を少し先にポンっと立ててみてください。

その目標に向かって、あまり自分にプレッシャーをかけずに、日々小さなチャレンジをしたり、少し難しいことに向き合ってみたりしていると、いつの間にかその目標にたどり着くことができると思います。

目標に向かう方法はクロールだって背泳ぎだって、泳ぎ方はなんでも大丈夫。小さなことを頑張りながらワクワクする感覚を忘れずに。

その積み重ねが、自分の人生を変えるきっかけになるかもしれません。

Contents

Chapter

3

なりたい自分を目指すためのワークシート

デザイン　須貝美咲（sukai）
撮影　佐藤航嗣（UM）
ヘアメイク　KIKKU（Chrysanthemum）
校正　東京出版サービスセンター
DTP　佐藤修、ループスプロダクション
編集　相馬香織
田村真義（KADOKAWA）

Chapter

1

ポジティブマインドになる前の元々の自分

人の顔色や気持ちの機微に気づきすぎてしまう

幼い頃から変わらない部分ではあるのですが、人の気持ちに気づいたときには、「こうしなきゃ」とか「この人はこう思っているからこうしてあげなきゃ」と、その人に合わせようとしていました。その結果、自分の考えよりも相手の意に添いたい思いが勝ち、八方美人になっていたのです。その場の空気を大切にするあまり、自分の気持ちを後回しにしていたような感じです。ただ、当時はそういったことで苦しかったり辛かったりということはなく、「相手を優先したいからしているだけ」というような感じで、そうすることに心地良ささえ感じていたように思います。ただ、周囲に気遣いしていることで疲れが溜まるのか、家では両親に冷たい態度を取ったり、思春期特有のストレスの吐き出し方をしてしまっていました。

周囲に波長を合わせることができるのはいい面もありましたが、学生時代はどこか自分に自信が持てず、自分自身の人生なのに、自分で何かを決断したり、自分だけで何かを成し遂げるといった経験はあまりなかったように思います。しっかりと大人になった現在は、相手の気持ちや考えに気づいたとしても、自分の気持ちに蓋をするのではなく、相手の気持ちに配慮した上でやんわりと伝えられるようになりました。今の年齢になって「自由に何事もチャレンジしてみたい」という気持ちを本来持っていたことに気がつきましたが、10代、20代は自分の性質に気づくことができず、行動を起こすこともできないタイプだと自分にレッテルを貼っていました。しかし、起業など初めてのことにいろいろとチャレンジする中で、改めて自分自身のリーダーシップの形はグイグイみんなを引っ張って先導するタイプではなく、「なんだかちょっと頼りないから私が助けてあげますよ！」としっかり者タイプの誰かが隣で一緒に頑張ってくれる、そんな形なのかもしれないなと思います。かっこよくはないけれど、これからもこんな自分と上手く付き合って楽しく生きていけたらなと思います。

自分で何かを決断するという経験がない

学生時代の自分を振り返ると、自分の意見をどんと強く出したりすることがなく、いつも誰かに誘ってもらったり、誰かの発案に乗ったりするタイプでした。ただ逆にその気質のせいか、リーダータイプの子と相性が良く、応援団の副団長をやったり、音楽祭実行委員をやったりと、リーダーを近くで支えるタイプでした。戦隊モノで言うとおそらく黄レンジャーか緑レンジャーくらいの立ち位置。個性ある友人たちに恵まれ、友人関係で悩むことはあまりなかったものの、周囲の雰囲気を読み取って自分の役割を勝手に考えていました。「この子はこうしたいだろうから、私はこれをやろうかな」と、〝自分のやりたい〟の気持ちに突き動かされるというよりも、周囲の動きを見て自分のことを決めていたのです。

何かを自発的に成し遂げる人には、バネや粘り強さがあると思うのですが、私は譲れない思いやモットーがありませんでした。逆に言えば、問題が起きても「まあいっか」と思える柔軟性がありました。何か大きなことが起きたときに、それを受け流すことができたので、「次に進むための思考の切り替え」という部分ではプラスになっていたと思います。

人と同じであることに安心

何事においても「人とかぶるのは嫌だ」と個性を重んじる人もいますが、私は保守的な人間なので、そういったことを感じたこともなく、学生時代は人と違う決断をすることはほとんどありませんでした。「出る杭は打たれる」で言えば、「打たれたくない」のではなく、「出る杭」にすらなりたくないタイプ。

人と同じであることが安心できたので学生時代はまさに平和主義者で、クラスでちょっとした喧嘩や言い争いが起きると、「なぜこの人はそんなことを言ってしまうのだろう？」と思っていました。就職活動の際も父が会社員だった影響もあり、「大学3年生になったら就職活動を始めて、卒業したら働かなきゃいけないのは当然」と思っていましたし、まさか将来フリーランスとして働くとは思ってもいませんでした。今振り返ってみると、人と同じであることに安心していたのは、流れに身を任せていたからなのかもしれません。

今も基本はコンサバでありながらも、会社を辞めたり起業したりする決断をするようになってから、少しずつ人と違うことやオリジナリティの大切さに気づくようになりました。とくに、ADとしてのキャリアを経てアナウンサーになったことが、他人と違うことの良さを実感するきっかけになりました。

自分でつくった型にはめ込みながら生きてきた

30歳まで自分で型をつくってそこにはめ込みながら人生を送ってきましたが、その型にはまっていることにとくに不満を感じていませんでした。中学受験では両親が選んでくれた学校に入り、大学までそのまま進み、就職活動に対してもとくに疑問を持たず、就職して会社員になりました。

大学時代には留学している友人も多く、今思えば、もっと広い世界を見たいと思うべきでしたが、現状に満足し自分の今いる環境に疑問を持たなかったため、自分がどうしたいのか、どうなりたいのかを考えるにも、今見えている世界の中で考える癖がついていました。自分に敷いてもらったレールから飛び出すこともなく、人生の目標は「現状維持」。今の自分が一番いいと思い込んでいたので、もっと面白い生活や自分がいるかもしれないとは考えてもみなかったのです。ただただ周囲に感謝し、今の生活を楽しんでいました。

そんな私が人生で初めて自分で下した大きな決断は、会社を辞めることでした。社会人になって広い世界を知り、いろいろな方に取材をしたりさまざまな文化に触れる中で、人生一回きりなので、ちょっと変わっていたり、想像がつかない方向に行ってみるのも面白いのかもしれないと思うように。これまでずっと自分でつくった型の中で生きてきた反動かもしれませんね。29歳での気づきでしたが、私の人生に新たな視点を与えてくれました。

「人に迷惑をかけないように」を気にしすぎてしまう

私の母は周りの人にたっぷりの愛情と優しさを注げる素晴らしい人で、子どもの頃からそんな母を見て育ってきました。母のようにはできませんが、自然と人に気をかけたりすることができるようになりました。その結果、「人に迷惑をかけない」が自分のモットーにもなりました。

その気遣いやモットーが自分のペースになっているので、誰かを待たせてしまったり、自分の行動で相手に迷惑をかけてしまうとソワソワしてしまいます。

しかし、自分で道を切り開くタイプの人は、そういった小さなことをあまり気にしないように思います。例えば、夫は人を巻き込むのが得意なタイプで、スマートに軽やかに人に声をかけることができます。会ったばかりの方だとしても、また会いたいと思えば素直にまたお声がけする夫の姿を見て、いつもすごいなと感銘を受けます。私は誰かを誘ったり声をかけるときは一回躊躇してしまうことが多く、「疲れてはいないだろうか」「忙しいかな」と考えているうちに誘わずじまい、なんてこともよくあります。

彼のように「この指とまれ！」と声をかけられる人は、そういった小さなことを気にせずに声をかけられ、そこから世界が広がっていくのだなと、身内ながらいつもその行動力にパワーをもらっています。

社会人は失敗・挫折からのスタート

就職活動の際、どこの会社を受けようかと悩んでいたところ、テレビ局の説明会で、「テレビ局は基本的に毎日が文化祭前日です」という言葉を聞きました。文化祭の前日、暗くなった道を友達と肩を組み、「明日絶対成功させようね！」なんて言いながら歩いた思い出が心に残っていて、その言葉に惹かれてテレビ局を受けることを決めました。人の話を聞くのが好きだったので、アナウンサーを受けようと決心。在京局を受けることにして、テレビ東京、フジテレビ、TBSテレビの3社の最終試験に残りました。しかし、最終試験で、3社とも落ちてしまったのです。私は自分がアナウンサーには向いていなかったのだと理解し、TBSを総合職で受験し、入社したという経緯があります。

「アナウンサーになる」という夢をつかみかけ、まさに就職活動の成功体験を得られる手前で失敗してしまったことは、私の大きな挫折にもなりました。

ですが、その後、情報番組『王様のブランチ』に配属され、ADとして、毎日Tシャツにジーンズ姿で社内を駆け回り働いていましたが、アナウンサーになりたかったというような後悔はありませんでした。ある意味の挫折で始まった社会人生活でしたが、ADの仕事は肌に合っていて最高に楽しかったですし、仲間と毎週番組を作り上げてOAに乗せる感覚は、まさに大好きな「文化祭前日」のようで幸せな日々でした。「アナウンサーになれなかったのにアナウンサーと一緒に働くのは辛くないのか」と聞かれたこともありますが、元々物事に執着しない性格で、あまりこだわりがないので「まぁいいか」と思えるところは、自分の良さでもあります。ただ逆にそのこだわりのなさだったりバネがないところを見抜かれて試験に合格できなかったのかもしれないなんて後から思ったことも。ただ、ADとして毎日必死に仕事と向き合う姿を認めていただいたのは今の自分につながっているのかなとも思います。

学生時代や20代は自信がなく不安。〝無色透明〟の意味

学生の頃は、自分のことを嫌いではなかったものの、なんだか自信がありませんでした。周りには活動的でエネルギッシュな友人が多く、みんなとても優秀に見えていたので、自分と周りを比較しては「自分は何かを決めてやりきった経験もないし、型にはまった八方美人だな」と思っていました。

アナウンサー時代も、ADからの異動という、人とは違う経歴ではありましたが、

自分のキャラクターや、バラエティ番組で話を振っていただいたときの身のこなし方に悩んでばかり。今思えばもっと楽しんでしまえば解決につながったかもしれませんが、その余裕もなかったのです。ある日、先輩の安住紳一郎アナウンサーに相談したところ「無色透明であることがいいじゃないか」と言われました。そのときは言葉の意味が理解できなかったのですが、今思うと、全員がキャラ立ちしている必要はなく、普通の人間がいてもいいということだったのだなと理解しています。

そしてアナウンサーはタレントではないため、特別なキャラクターが必要なわけではなく、どんな仕事と向き合うときも、普通であることは意外と大切な要素だと伝えてくださったのだと思います。当時は焦りを感じていましたが、そうした先輩の言葉もあって、今ではありのままの自分でいることの大切さを理解できたと思います。

肩に力が入りすぎてしまう

幼少期を思い返すと、すごく心配性だった記憶があって、例えば幼稚園では朝の登園時、母と離れるのが心細くて不安で、卒園まで毎朝泣き通しました。小学校に上がってからも、当時、命と同じくらい大切にして勉強机の奥にしまっていた宝物のプーさんの指輪・バタコさんの小さな人形・ミッキーの鈴の三種の神器がなくならないか心配で、家を出るときに確認。帰宅したらまたすぐに確認していました。今となってはその繊細さは果たしてどこにいってしまったのやらという感じですが(笑)。そんな子どもでした。社会人になってからはアナウンサーという仕事柄、基本的に失敗が許されないので案の定、日々緊張感から肩に力が入ってしまっていました。

一方で、その緊張感は仕事のやりがいでもあり、大好きな仕事でしたが、子どもを産んでから肩の力を抜けるようになった気がします。子育ては自分の思い通りにいかないことが多く、お出かけ前に準備をしても、出発直前にお漏らししてお着替え、結果盛大に遅刻!なんてことは日常茶飯事。なかなか計画通りにいかないので、子育てを経験したことで、改めて「出たとこ勝負でいく度胸も大切」と思えるようになりました。そんな経験と同時に、仕事をする中でたくさんの失敗とちょっとの成功体験を積んでいったことで、人生うまくいかないことが多いけど、楽しければＯＫ！と、よりリラックスして生きられるようになったと感じています。

Chapter 2

プラス15％前向きに なるための思考術

01

必死につなぎ止める必要なんてない！人間関係はもっとシンプルでいい

学生時代も今も、「自分が何を成し遂げるか」よりも、「誰とともに成し遂げるか」が大事で、個人競技ではなく団体競技が好きなタイプ。おそらく中高大と附属の女子校で育ち、部活動が生活の中心だった経験から「チーム」や「仲間」で目標に向かうことに居心地の良さを感じるのだと思います。大人になった今はプライベートでは気楽で気ままなひとり行動を好みますが、根本ではチームで何かに向かっていくことが好きです。

ただ10代、20代を振り返ると、人と関わることに疲弊していた自分もいました。アナウンサー3年目の頃、ふと「なんでこんなに疲れているんだろう？」と心身ともに疲れを感じるようになって……。改めて考えてみると、会社にいる間はスイッチをOFFにする時間がほとんどなかったことに気づきました。小さなことですが、エレベーターに乗るときは階数ボタンのそばに立って「何階ですか？」と気配りしたり、社内では廊下でも社食でも、どこを歩くときも顔を上げて挨拶や会釈をしたりと、つねに気が抜けなくて24時間ONの状態でした。どの現場・番組でも人間関係や仕事をうまくこなしたいと思うあまり、周りへの過剰な気遣いをしてしまっていたのかもしれません。仕事柄、誰かに嫌われるのが怖いという感覚さえ持っていた時期もありました。今思えば、相手に気を使うことが必ずしもいい人間関係を生み出すわけではないですし、「人に気を使うと相手も気を使う」ということに気づき、過剰な気遣いはもうスッパリやめました。34歳・2児の母となった今は、少しの図々しさと図太さを兼ね備えてだいぶ生きやすくなった気がします（笑）。

20代の頃って、体力と自由な時間があるので、どのコミュニティも大切にしたいと思っていましたし、いくら仕事が忙しくても、友人と距離ができてしまうのは悲しいので、「最近あの子と遊んでないな」と思えば連絡してみたり、どこかで人間関係を必死につなぎ止めようとしていたのかもしれません。でも子どもが生まれライフスタイルが変わると、子どもの優先順位が圧倒的に高くなりますし、今まで自由に使えていた自分の時間がほぼゼロになる。

でも本当の友達や大切な人って、気を使ったり、つなぎ止めようとしなくてもちゃんとそこにいてくれるんですよね。学生時代に友情を築いた大好きな友人たちとは、結婚式などで7、8年ぶりに再会しても、若い頃と同じテンションのままで関係性も変わらない。SNSなどで同世代の女性から、ママ友や友人関係の悩みを相談されることがあるのですが、つねに接点を持っていないと不安になるようであれば、もはや友達ではないのかもしれません。お互い頑張っていることを遠くからでも応援し合い、心から幸せでいてほしいと願えるような関係。広く浅くたくさんの人と接点を持つのではなく、ひとりでもそんな友人がいればいい。大人になったからこそ、人間関係は量ではなく質が大切なんだと気づきました。

02

苦手な人にはあえて自分から歩み寄ってみる

自分が相手を苦手だなと感じている場合、相手も同じように感じている可能性が高いと思います。遠い存在の方ならいいのですが、毎日顔を合わせるような近い関係の場合、まずは自分から軽く挨拶をしたり、相手が頑張っていることや仕事ぶりを調べて「〇〇の件、素敵でした」と話しかけるなど、負担にならない範囲で相手との距離を縮めておくと、自分の心がラクになると思うのです。

「苦手な人が来た」「今日も一緒に働かなくちゃいけないのか」と思いながら同じ空間で働くのは非常にストレスです。しかし、こちらから挨拶をしたり、相手の頑張りを言葉にすることで、相手も自分に対して悪い印象を持たなくなると思いますし、相手と一緒にいる空間が嫌なものではなくなり、苦手意識を少なくすることができます。歩み寄ったところで相手がどう思うかは相手次第ですが、少なくとも自分の中にある「苦手意識」や「苦手な人と向き合うというストレス」を軽減させることができると思います。

私の中ではどちらかと言えば、「苦手な人と関わるストレス」というより、「相手を苦手と自分の中で認定して存在が気になってしまうことがストレス」なのかもしれません。近寄って接してみた結果、苦手だなという気持ちが拭えなかったとしても、一切近づかずに「苦手」と感じていたときよりは自分で解決するべくアクションを起こしたという感覚もあるので、少し心がラクになるかもしれません。

また一方で、「苦手な人」は、相手も自分に対して苦手意識があるから嫌なことをしてくるかもしれないので、相手の自分に対する苦手意識をとることができたら、嫌なことをしてこなくなると思うのです。「この人とうまくいかないな」と思ったら、悪化してしまう前に早めの段階で問題を解決しておくことが重要。関係が複雑になってしまった後に解決しようとしても、複雑にこじれてしまうと解決するのも大変になります。こんがらがって解けなくなる前の初期段階で一度大人になって「私のやり方が間違っていたかもしれないので、教えてもらえますか？」と歩み寄ったりしながらコミュニケーションを円滑にしてしまった方が、結果的に自分がする嫌な思いを最小限に食い止められるはずです。

しかし、相手との関係を良くしようと努めても、どうしてもうまくいかない場合もありますよね。そのときには、潔く距離を置くようにシフトしていく必要が出てきます。

「苦手だから」と避けるよりも、まずは自分から一度だけでもいいので積極的に動いてみる。それが結果的に自分の心を守るための最大の防御策ではないでしょうか。

03

休日は波長の合う友人・家族とともにかくリラックス

休みの日にふと会いたくなる人たちの顔を思い浮かべると、それぞれに強烈な個性があったり、年齢や出会ったタイミング、仕事やコミュニティもばらばら。ですが、共通しているのが、ひとたび会えば一気にリラックスできるというところ。

誰しも仕事や家事、育児、学校などでストレスを抱えながら毎日闘っていますが、休みの日くらいは思いっきりリラックスしたいですよね。

リラックスできるのは、おそらく波長やフィーリングが合って気兼ねなくいられる人だから。若い頃って友達になる基準は、属性や共通の趣味といった外的要因に大きく依存していたように思いますが、大人になるにつれて、波長が合う人と友人になっている気がします。例えば、4年ほど前、長女の6カ月検診での出会いの話。たまたま隣に座ったママさんが同じマザーズバッグを持っていて、それに気づいたときに、思わず「え⁉」と笑い合ったことがありました。相手によっては会話にもならずに見て見ぬふり、なんてことになるはずが、まさに波長が合ったのか、そこから話が盛り上がり、気づけばLINEを交換。仕事への姿勢も子育てを楽しむ様子もどちらの面も尊敬できて、今ではすっかり良きママ友です。

もっと身近な存在で言えば、私の2歳年上の姉は、子どもを2人育てながら一級建築士として働いている肝っ玉母ちゃんタイプ。私が大学生だったある日、家に帰ると、なぜか欧米人が何人も遊びに来たときがありました。話を聞くと、「チェコから来た留学生が日本の普通の家を見てみたいと言うから連れてきちゃった」と(笑)。ついい先日も「居酒屋さんで盛り上がって、その方と今度一緒に仕事することになった！」と楽しそうに話していました。大胆な姉とはタイプが異なるけれど、波長が合うのでとにかく一緒にいてラク。子どもの年も近いので週末は一緒に過ごすことも多く、リビングに布団を敷いて、ぎゅうぎゅうの川の字になって寝るのが最高に幸せです。

中学時代からの親友たちや夫、家族と波長が合うのは言わずもがなですが、大人になってから出会った友人や仕事仲間に心地良さを感じるのは、波長が合うせいなのかもしれません。

04

疲れているときは約束を断って「ひとり時間」を優先する

私にとって、ひとりで家で過ごしたり、映画を見に行ったりするひとり時間は最高のデトックス。デトックスには「誰にも気を使わない時間と空間」が必要だと思っています。

理想を言えば、月に一度はひとりで映画のレイトショーに出かけたいのですが、まだ下の子も小さく、それは夢のまた夢。なので、せめて子どもが寝静まった後に時々、Ｎｅｔｆｌｉｘを流しながらも深く見入らずに、ソファにじっと同じ姿勢で座って、ぼーっと無になるんです。人は無意識に、同時にいくつものことを考えながら生きていると思うのですが、何かひとつでも考え事をしてしまうと芋づる式に考えることが出てきませんか？　そうすると「あれもやらないと」「これもやらないと」とやることもどんどん出てきてしまって、リフレッシュの時間がリフレッシュにならない。なので、ひとり時間は何も考えずに思考停止して、抱えているものを全部一旦捨てることがとても大事なんです。

でも現実的にひとり時間をつくるのってすごく難しい。子どもたちを寝かしつけて、夫が帰ってくるまでの間に最低15分だけでもひとり時間をつくることができればいいのですが、なかなかそうもいきません。なので、家でひとり時間をつくるのが難しいときは、外でつくるようにしています。例えば、保育園のお迎え前に、駅ナカのコーヒースタンドで15分ぼーっとしたり、保育園の前の石垣のところで5分だけ座って無になってみたり(笑)。

あまりにも疲れているときには、友人と会う約束をしていたり、子どもと出かける約束をしていても、無理をしすぎず予定変更をするのがおすすめ。疲れのバロメーターは人によっても異なりますが、私の場合は、疲れすぎて泣きたいような気持ちになったら「かなりきてるな」と自己認識するようにしています。そうなったら無理をしない。約束の相手が仲のいい友人であれば、謝りながらリスケのお願いをしますし、例えば会社の飲み会に参加すると言ったけれど自分が幹事ではない場合には行くのをやめてしまいます。無理をせずに一旦約束をキャンセルして、自分のペースで心のリセットをする。そんな時間があってもいいと思います。

05

素の自分で油を売りに行ける場所や相手をつくる

自分のことを100％理解してくれる旧知の友人たちや家族とはまた別の、〝素の自分でいられる場所〟があるといいなと思うことがよくあります。

私は神奈川県川崎市のベッドタウンで育ち、ずっと「東京は遊びに行ったり働きに行く場所」と思って生きてきました。ところが5歳になる私の娘は生まれた瞬間から東京に暮らしています。あるとき、自分の子どもの頃のように家の近くに寄り道ができるような場所があるという経験をさせてあげたいと思い、夫と私の行きつけのお店を中心に娘がほっとできるような場所を意識的につくって地域とのつながりを持つようにしたんです。近所の洋食屋さん、中華料理屋さん、美容院やカフェなど、仕事も年齢もさまざま。自転車に娘を乗せてお店に寄って立ち話をしていると、お店のおじさまやおばさまが娘の特技や長所を発見してくれて、愛情たっぷりの言葉で褒めてくれる。「娘ってこんなところもあったんだ」とか「こんな表情も見せるんだ」と、子育てに悩む中でも、娘の新たな一面を発見することができる上、私にとってもなんだかとても安心できる癒しの時間になっています。

それは子どもに限った話ではなく、私もＴＢＳテレビで働いていたときには、初年度にＡＤとして働いていたスタッフルームや食堂など、いつでもふらっと立ち寄って話ができる人や場を見つけるようにしていました。例えば食堂で働いていた女性はお姉ちゃんのような安心感を与えてくれて、一口デザートのおまけをしてくれたり、仕事でクタクタなときにお会いすると元気をもらえる存在でした。それは誰でもいいわけではなくて、できれば自分の仕事に密接でない部署の方で、その方を好きだったり安心できたり、とにかく素の自分でいられるのが大事。同じ部署や利害関係のある方だと、「この相談をするとこう思われるかな？」と相手の気持ちを考えてしまいがち。できるだけ自然体で話せて、肩の力が抜ける相手がいいと思うんです。

リラックスした素の自分で、聞いてほしい話を自由にできる場所がひとつでもあると、凝り固まった自分を少し解放できます。何かを頑張っている人ほど、そういう人や場をつくっておくと、救われると思うのです。

06

忙しい毎日を送る人こそ力を抜いて深呼吸を「仕組み化」する

家族のようにいつ会っても居心地がいい友人に恵まれているのは、私自身が唯一自慢できることかもしれません。中でも頻繁に会う親友はつねに高い壁に体当たりしながらチャレンジを続けていて、かっこいい人。先日、とても悲しいことがあり落ち込んでいると、夜遅いにも関わらず、仕事場まで車で駆けつけ自宅まで送ってくれました。元気がなかったはずなのにいつの間にか泣き笑いで「惚れてまうやろ！」と突っ込みながら笑い合っていました。

私たちはよくお互いの仕事の隙間に1時間だけ集合するのですが、彼女といる間、なぜか2人ともあくびが止まらなくなるんです。ひどいときには数分に何度も。さらに、忙しい日は無意識のうちに呼吸が浅くなっているのか「なんだか久しぶりにちゃんと息ができた気がする」なんて言葉も飛び出します。

私は元々、性格なのか体質なのか、つい力んでしまうタイプで、いつも肩に力が入っていました。つねに肩こりもひどく、食いしばりから咬筋が張ってきたり、寝ているときの歯ぎしりで奥歯が割れてしまったことも……。彼女と会うとたくさんのあくびが出るというのは、しっかりとリラックスできていることなんだと気づきました。


日々頑張っている人こそ、親友でも家族でも恋人でも、リラックスできる人の存在や休息ポイントのようなものを持っておかないと、呼吸が少しずつ浅くなって心身ともに疲れてしまいます。私は20代、読み間違えないで伝えることや秒ごとの時間の管理など、アナウンサーという職業柄、つねに緊張感のある中で働いていましたし、失敗が怖いという生真面目な性格の関係で呼吸があまりうまくできていなかったのかもしれません。

リラックスの方法は人によって異なりますが、「トイレに入ったら必ず深呼吸する」「金曜日の夜は必ずストレッチする」など深呼吸するタイミングを仕組み化して決めておくことで、忙しく働く私たちの体を定期的にリカバリーしていきましょう。

07

人との出会いは直感重視

先ほど人間関係はシンプルにしていこうとお話ししましたが、その半面、「あ、この人好きだな」と思う気持ちは大切にするようにしています。新しい人と出会ったときの第一印象や感覚は、後々の相手との関係性に大きな影響を与えることが多く、その直感を信じることは大事なことだなと思うようになりました。

というのも、私が参画している女性向けサウナ事業においても、TBSテレビ時代の先輩だった奥本恵巳さんに声をかけてもらい顔合わせに向かうと、今まであまり出会ったことのない、素敵な香りのする大人たちで、「なんだか面白そうだな。このお誘いに乗ってみよう！」と思ったことがきっかけでした。他にも単発でプロジェクトを組みながら、ライフワークにしていこうと取り組んでいる河野なみこさんや、ミドル・ハイキャリアの女性特化の転職サービスなどをメインの事業にしたNewMe株式会社を2023年に一緒に立ち上げた篠原さくらもそう。大人になってから出会って「この人好きだな」「一緒に働きたいな」「一緒に何かをしたら学びがありそうだな」と思う直感や、相手と出会ったときのファーストインプレッションを大事にしていると、自分自身の成長にもつながるような、面白いことが舞い込んできますし、刺激的な体験をたくさんすることができると思うのです。

もちろん、そう思っているのは自分だけで一方通行だったり、実は見当違いだったり、相手は自分に興味なんてなくて肩透かしにあってしまうこともあるのですが、気になった人にはどんどん自分から近づいていくようにしています。

面白そうな相手を見定める直感というものは、忙しすぎたり疲れたりしていると鈍りがちで、アンテナがうまく反応しないこともあると思うのですが、自分がポジティブに、アンテナをピンと張り巡らせていると、いい出会いが舞い込んでくるので、できるだけ心身ともにいい状態でいられるようにしています。自分がいい状態でいることで、周りの人や出来事に対して敏感になり、より良い出会いやチャンスをつかむことができると思います。

08

仕事でもプライベートでも挨拶が大事！

人間関係において、挨拶ってとても大事なことだと思います。女子校での学生生活や体育会系の部活動への所属など、上下関係が厳しい環境に身を置いてきた私は、そうした環境により挨拶というものが癖づいていましたが、社会人になってから、その重要性をより強く感じています。

誰しも、新しいコミュニティに入るタイミングというものがあると思いますが、そのときに「はじめまして」や「わからないので教えてください！」といった言葉を投げかけることは相手に対する礼儀でもあり、第一印象が良くなるポイントでもあります。逆に、そうした挨拶がないために初対面での印象が悪くなってしまうと、その後の関係構築が難しくなることも。きちんと挨拶をすることで、無用なトラブルを避けることができるだけでなく、人間関係もスムーズになっていくのではないかと思います。

挨拶ひとつで相手との関係性が変わるだけでなく、「あの件、ありがとうございました」と感謝の気持ちを伝えるメールを送ったり、失敗したときに「すみませんでした」と一言でもいいのですぐに謝るというのは、相手といい関係を築く上で重要なポイントだと思います。

さらに、相手の顔と名前を覚えることも大切です。常日頃接する間柄でなくても、仕事で出会う方はなるべくすぐに名前を覚えることで、相手の心理的な安全にもつながります。テレビ局では、大きな番組だとひとつの番組で100人以上の制作スタッフや技術スタッフの方々が関わっていたので、名前を覚えることは相手との距離を縮めることに直結していました。「お疲れ様です」と挨拶をするだけでも、相手との関係が良好になるのです。職業柄、挨拶や名前を覚える以外にも、事前にその人について調べるようにしているのですが、インタビューなどで相手の最近の活動や出来事について触れると、より深いコミュニケーションが生まれるような気がします。挨拶や感謝、相手に興味を持つ姿勢は、人間関係を良好に保つための基本。相手を思いやる気持ちを大切にして気持ちの良い人間関係を築いていくと、人生が豊かになると思います。

09

どんな人といるかで自分自身も変わる

人との出会いや交流は、私たちの人生に大きな影響を与えるものです。私は両親から「人に迷惑をかけないように」「周りの人を気にかけるように」と教えられて育ってきたので、他人に対して気を使うところや生真面目すぎるところがありました。しかし、夫と一緒にいることで、少しずつその考え方に変化が生まれました。婚前、夫が初めて私の実家を訪れた際、リラックスできてまるで自分の実家のようだと感じてくれたようで、ソファで昼寝をするなど、いい意味で人に気を使わない彼の様子を見ていたら、私も自然と過剰に人に気を使うことが少なくなり、今ではちょうどいいバランスで自由に振る舞えるようになってきたように感じます。

いい影響を与えてくれるのは、もちろん夫だけではありません。それぞれの目標に向かって努力している友人たちを見ていると、素直に「自分も頑張ろう！」と思えますし、頑張っている人たちと接することで、ポジティブへと向かうことができるのです。

TBSテレビを退職して数年経ちましたが、今でも大好きな前職の仲間たちと時々会うのは大切な時間。しかし独立後、フリーランスの方々と出会う機会が格段に増えました。以前は私自身が会社員だからか、出会う方や仲良くなる方も会社員が多かったように思います。自分がまさか独立するとは思ってもいませんでしたが、周りにフリーランスの方があまりいなかったために「フリーランスの方ってどうやって生計を立てているの？」と、独立した場合の仕事の仕方を全く想像できていませんでした。でも今は、ライターさんやスタイリストさんなど、自分の腕ひとつで働いている方や多様な職業の方々と交流することで自分の視野が広がりました。

もし自分が変わりたいのに変われないと悩んでいる方がいたら、一歩だけ足を踏み出して新しい世界で新しい人と出会ってみてください。オンラインで会話するなどでもいいと思いますが、その人のパワーが直に伝わるので、直接会うのがおすすめ。私自身、理想の生き方をしている人に会うことで、たくさんの刺激を受けることができました。新しい人との出会いや、その人の生き方や考え方に触れることで、自分自身を見つめ直し、成長するきっかけを得ることができると思います。

10

良くも悪くも物事や言葉に執着しない

人生は、さまざまな出来事を経験し、ときには挫折をすることも。私の場合は、就職試験でアナウンサー試験に落ちたことがひとつの挫折でした。思い返すとフジテレビ、テレビ東京、TBSテレビの最終試験に残ったのですが、結果すべて落ちてしまい、「アナウンサーには向いてないんだ」と落ち込みました。その後、総合職でTBSテレビを受け直し、有り難く内定をもらい入社。『王様のブランチ』のADとして働き始めましたが、アナウンサーとは真逆で、毎日ジーンズにスニーカーを履き、ガムテープとカンペを片手に社内を駆け回る毎日でした。予想外の出来事が起こる毎日が楽しく充実して仲間にも恵まれていたので、悔しさはなく、ADとしての自分をすんなり受け入れていたのです。

「それはなぜだろう？」と考えると、あまり物事に執着しないタイプで、何事も「まあ、いっか」と思えることが多く、何か大きな出来事があったときでも、比較的冷静に次に進むことができるからなのだと気づきました。反省しないということではなく、「うまく思考を切り替える」。これを無意識に行っているのかもしれません。

これはアナウンサーとしての経験によって、後天的に身についた能力でもあるのです。私が担当していた番組は生放送が多く、早朝の帯番組を長い期間務めていたので、どんなに失敗しても、夜中に起きて、また会社に行かなければなりませんでした。不思議なのですが、前日にしてしまった失敗をいつまでも気にしていると、翌日もまた失敗してしまうのです。それに気づいてからは、「反省は大切だけれども、引きずってもいい結果を生まない」と思うようになり、「悩んでも明日は必ずやってくる！」という思いを持つことで、自分の中でうまく処理することができるようになりました。

物事に執着せず、たとえ失敗したり嫌なことがあっても、流す力や一度飲み込む力を身につけておくと、心がだいぶ軽くなると思います。落ち込みすぎると、そこから立ち直るのに時間がかかりますが、自分の中の固定概念やこだわりをあえて減らすことで、悩みや落ち込んだ気持ちから早く回復できるような気がします。

11

反省も大事だけど一度反省ごと捨ててみる

アナウンサーのキャリアの中で、とくに印象に残っている出来事は、デビューして間もない頃にバラエティ番組の収録中に何度も噛んでしまって、現場を凍りつかせてしまったことです。20組以上の人気芸人さんが集まるかなり大型の番組でしたが、「はい、では続いてのＶＴＲです、どうぞ」と言うだけなのに、緊張からか噛んでしまって……。その瞬間空気が変わり、芸人さんたちも困惑した様子で私を見ていました。「私のせいで収録が止まっている！」と思うとさらに焦り、3時間の収録の中で何度も噛み続けました。

収録後に2時間泣き続け、さらに翌日もまた失敗。そこで「反省は大切だけれど、負のループの中では前に進めない」と気づき、「どうしようもないときもあるんだ」と反省ごと捨てて、立ち直ることにフォーカスしてみたのです。すると不思議と心が軽くなり、立ち直ることができたのです。

もし、失敗を他人のせいにしてしまった方がラクな場合は、その日だけ他人のせいにしてもいいと思います。アナウンサーもそうですが、毎日本番を迎えるような仕事や翌日のためにコンディションを整えなければならない場合は、どんな手を使ってもいいので、反省よりも立ち直ることが大切だと思います。でも他人のせいにしてしまった場合、記憶をすり替えることになってしまうので、後できちんと気持ちを整理することも必要です。

こうした心のリカバリー術は、研修で教えてもらった方法ではありません。アナウンサーとしての技術や滑舌練習の教本はあっても、メンタル面の教本は存在しないのです。自分だけで立ち直れないときには、よくアナウンス部の先輩方に相談に乗っていただきました。ご自身の経験を話してくださったり、技術的な面で新しい気づきをくれたり、何度も何度も救われました。

アナウンス部はライバルというより、同志のような関係。部署では必ずテレビがついていて、誰かが生放送の番組中に苦しい局面を迎えたときには、テレビの前に集まってきて「頑張れ！」と応援していました。苦しみを理解できる仲間たちだからこそ、一緒に成長している感じがしましたし、先輩たちの存在は心強かったです。

12

30代は恥ずかしい思いと失敗をしてみる

これまでたくさんの方にインタビューをする機会がありました。中でも40〜60代の素敵な方々にインタビューをすると、皆さん自分の力で立ち、自分の好きな方たちと働いていて、失敗や恥ずかしい思いもたくさんされてきているんですよね。私は20代にがむしゃらに働いたという自信はありましたが、長い人生、もっと失敗や恥をかいてみてもいいのかもしれない、と素敵な皆さんの話を聞く中で漠然と思うようになりました。

では実際に、その失敗や恥を経験するために、これからどんなふうに生きようかと27、28歳の頃は苦しくなるほど深く悩み模索しました。日系の大手企業に勤める営業マンだった父の影響も強く、私の中では「働く=会社員」という考えしかなく、大好きなこの会社に長くいるのだろうと思っていたのですが、ある日、30、40代の生き方について夫と話をしているときに「意外と独立して自分のペースでやってみるのも、楽しめるタイプだと思うよ」と言われ、「30代は恥ずかしい思いと失敗をしてみよう」と決めて退社しました。

その後、2023年夏に起業したNewMeやサウナ事業に取り組み始めると、デスクワークに関してはほとんど経験がないため、知らないことわからないことだらけの日々が始まりました。例えばSlackの基本的な操作からわからず、エクセルもセル内での改行すらやり方を知らず試行錯誤。でも、良くも悪くも人は慣れる生き物。恥ずかしさを感じながらも「失敗してもいい!」と日々少しだけ挑戦してみると、恐怖感や不安が徐々に薄れてくる気がしています。とは言っても、なかなかタフな毎日で落ち込むことも多いですが、好きな人たちと好きなようにチャレンジできる環境に感謝。恥ずかしさや失敗を恐れずに経験していることは、きっと50、60代の未来の自分の糧になると信じています。

13

メンターは似た属性ではない方がいい

20代は職場の先輩に相談することが多かったのですが、結婚して母になり30代に突入した今は、近所の菓子店のママさんや年の離れた人生の大先輩など、立場の違う方に話を聞いてもらうことで、悩みがすっきりしたり腑に落ちることが増えたように思います。

でも実は、私にとっての一番のメンターは夫です。彼は自分の力で結果をつかみ、生きてきた人。アスリートには孤高の選手のような方もいますが、夫は人に頼るのが得意で、つねに周囲にメンターを置いているタイプです。私は思い悩むと、真面目に考えて、ひとりでぐるぐる考えすぎて不安になって、ドツボにはまってしまうのですが、夫は肩の力が抜けていて視野が広く私と違って思考が深いので、悩みがあるといつも相談に乗ってもらいます。夫婦といえど、全く性質が違うので相談に乗ってもらうとハッとすることがあります。とても小さなエピソードですが、先日、旅先で訪れた駄菓子屋さんで、どうしても欲しいガチャガチャに出会い、なかなか出なかったときのこと。2000円使ったところで諦めようとした私に「何のために仕事してるの?」と夫。追加で2回目を回したところでようやくゲット。あの一言のおかげで諦めなくて良かった、と思ったのでした(笑)。

日頃から、異業種の人との交流も大切にしているのですが、そうした方たちの中にもメンターと言える方が何人かいます。例えば、親友のような存在で昔からの私を知っていて、私の人間性もよくわかってくれる人や、人に寄り添うのが得意で、俯瞰的に物事を見てくれる60代の男性など、心の中で勝手にメンターと慕わせていただいている方が4、5人はいます。

そういうメンターとは本音で話し合えるだけでなく、さまざまな視点からの意見をもらうことができるので、ハッとさせられるような気づきもたくさん得られるのです。自分のキャリアや人生の選択において、とても大切な存在だと思います。

14

フェーズや求める意見によって
メンターを変えてもいい

企業でのメンター制度と言うと、直属の上司ではなく〝斜めの関係〟と言われる利害関係がそこまでない隣の部署の先輩がついてくれることが多いと思います。私はメンターはつねに何人かいるといいと思っていて、基本的には、背中を押してくれる人、自分のことを理解してくれる人、俯瞰で物事を見てくれる人の3人がいれば十分だと思うのです。3人いるうちの俯瞰的に物事を見てくれる人は、必ずしも自分の背中を押してくれる人である必要はありません。もし自分で決断できるタイプの方であるならば、メンターをひとりだけ置いて、その人の意見を聞いて物事を判断してもいいと思いますが、他人の意見を聞きたいというタイプの方は、メンターを複数人置き、さまざまな意見を集めることが重要ではないでしょうか。多様な意見を聞くことで、偏りのない判断ができると思います。その際、そのメンターとする方はなるべく属性や年齢、性別がばらけているといいと思います。何かを決断しなければと考え込んでしまっているときって自分の考え方が凝り固まってしまったり、こうだと決めつけたり思い込んでしまったりすることが多いので、そんな自分を解きほぐしてくれる作業を一緒にしてくれるような方がいるとベストです。

例えば、部内の人間関係について悩んでいるとします。つい登場人物をみんな知っているからと同じ部署の近い先輩に相談してしまいがちですが、その方だけでなく、他部署や社外の方にも相談してみることで多角的にその悩みを解消する糸口を見出せる可能性が高くなる気がします。

20代の頃は寄り添って優しく話を聞いてくれるような方に相談をすることが多かったのですが、30代になった今は、自分の何倍も苦しい経験をしてきたり、多くの知見を持っているような方に相談に乗ってもらうことが増えました。異なる視点やドライな意見をくれたり、批判的な視点で物事を見てくれるようなメンターも必要だなと感じています。自分がどんなことに挑戦しているのか、今後どうなっていきたいかによって、必要なメンターは変わるのです。家族や友人という自分を支えてくれる確固たる存在が近くにいてくれる限り、その時々の自分に合わせてメンターは変えていってもいいと思います。

15

相手のいいところを見つけたら言葉にする癖をつける

最近誰かに褒められましたか？ 大人になると、あまり褒められることってないですよね。特段褒められたいという願望があるわけではないのですが、時々さらっとそんな言葉をかけられると素直にうれしくなります。大人になるとみんな忙しさのあまり、「褒める」ということを忘れてしまっているように思います。

しかし自分が起点となり率先して相手の長所や功績を言葉にして伝えると良い循環が生まれます。すると、言われた相手もやっぱりうれしいんですよね。例えば、「○○さんの提案って本当にいつも素晴らしいですね」とか、「○○さんって当たり前のようにいつもやっているけれど、どんなふうに工夫しているんですか？」というふうに、心の中で何度も思っていてこれまで伝えたことがなかったようなことを言葉にして伝えることから始めてみましょう。「人の長所を言葉にする」という習慣は相手にも伝染しやすく、次第にチーム全体が明るくなり、ポジティブな空気感が生まれ、仕事もスムーズに進んでいきます。私も何度かこのような体験をしており、チーム全体が良い方向に回っていくのを実感しました。

「褒められたいから褒める」と思うと少し打算的に感じるかもしれませんが、職場だけでなく、家族にも友人にも通じる、人間関係をより良好に保つシンプルな方法のひとつです。とってつけたような褒め言葉だと相手の心に全く響きません。だからこそ、心からの言葉で伝えることが大切。「本当に素晴らしい」と感じたことを、しっかりと伝えることが重要です。

ポジティブな言葉を口にすると自分自身も幸せな気持ちになりますし、ポジティブなエネルギーが広がっていくのを感じることができるのです。

16

馬が合わない相手でも一度興味を持つ工夫をする

対人関係においては、とくに職場や初対面の場面では、相手とのコミュニケーションがうまくいかないことってありますよね。例えば、馬が合わない人と話さなければならないときや、初対面なので緊張してうまく会話ができないとき。こうした状況では、まず相手に対して興味を持たないと、相手もこちらに対して興味を示しにくくなり、結果として距離が縮まらず、辛い時間が続いてしまうことに。

そんな展開を避けるために、思いきって自分から相手に興味を持つ姿勢を示すと、たとえそれが初めはポーズであったとしても、自然と会話が生まれ、相手との関係も改善されるような気がします。例えば相手に質問をしてみると、自然と会話のキャッチボールができますよね。手始めはやはり無難な質問がベターです。出身地や趣味や特技、仕事に対する姿勢など、なんでもいいので何かひとつでも気になる点や相手の特徴的な部分に目を向けてみると、自然と質問が出てくると思います。相手を俯瞰で見てみると、そうした質問が見つかりやすくなるはずです。そして「いつもしっかりしていらっしゃるので年下の兄弟がいるんじゃないですか？」など、質問だけでなく相手への印象を添えると、より自然な会話に発展するかもしれません。相手のここを深掘りしてみたいと思うところを決めて、それに対してさまざまな答えを想像し、2、3個質問を用意しておく。そうすることで、会話がどんどん弾んでいくと思います。

もちろん、最初は苦手だと感じる相手でも、少しずつ興味を持つことで、意外な共通点や面白い話題が見つかることもあります。大切なのは、「この人苦手だな」と相手を一方的に評価してシャットアウトしてしまうのではなく、まずは自分から興味を持ち、会話を楽しむ姿勢を持つことです。そうすることで、対人関係がよりラクになり、ストレスを感じることも少なくなると思います。

17

人それぞれのリーダーシップがある

誰かに何かを頼んだり、後輩を育成したりということがとても苦手で、これまでの人生ではそうしたことを避けて生きてきました。これまで、リーダーシップがある同僚や先輩たちを尊敬してきましたし、リーダーシップ＝人に愛情を持って接するというイメージがあったので、プライベートでは愛情や友情を大切にしていました。しかし職場においては、自分の周りに対してしっかりと愛情を持って接することへの自信がありませんでした。

ラジオの仕事でさまざまな経営者やリーダーの方にお話を伺いますが、自信に満ち溢れた頼れるリーダー像の方もいれば、優しくて二歩も三歩も引いた目線で物事を考えるリーダーの方もいます。そのためリーダーシップのかたちは十人十色だなと日々感じています。

女性特化の転職サービスやキャリアイベント・メディアを運営するＮｅｗＭｅをともに起業した篠原さくらは、自分自身がスピーディに走り、周りを応援しながらチームにアイデアや問いをポイっと投げこむタイプ。彼女によって、皆がはっと気づいたり正解を導き出したりして同じ方向を向いて走れる。自然とそんな道をつくるようなリーダーシップを持っていて、相方ながら素晴らしいリーダーだなと思います。

一方の私は、グイグイ皆を先導するタイプではなく、「なんだかちょっと頼りないから私が助けてあげますよ！」としっかり者タイプの誰かが隣で一緒に頑張ってくれるようなタイプなのかもしれません。今でもチームのメンバーに教えてもらったり頼ってばかりですが、愛情やリスペクトを持ってチームづくりをしている最中でもあります。ダメダメリーダーという感じで決してかっこよくはないけれど、試行錯誤しながら、自分らしいリーダーシップのかたちを構築できたらいいなと思っています。

篠原とは人としての波長やリズム、感覚がとても合うのですが、タイプが全く異なるので、さまざまなポイントで共感しつつも補い合える存在だと感じています。今後も自分たちらしく目標に向かって会社を経営していけたらと思います。

18

会話に沈黙が生まれても恐れない
相手の話を一生懸命聞くと話が盛り上がる

会話に沈黙が生まれるって怖いものですよね。沈黙が生まれると気まずさを感じることもありますが、焦って相槌を考え始めると、どうしても会話がわざとらしくなってしまうのです。私も新人アナウンサーの頃に、沈黙を避けようと相槌に必死になり、表面的な会話に終始してしまった経験があります。その結果、深いインタビューにはならず、表面的なやり取りで終わってしまったのです。

相槌を考えたり次の会話を考えるよりも、相手の話をしっかり聞くことが大切。うわの空で話を聞いていると、会話が盛り上がるきっかけを聞き逃してしまいます。相手の話を真剣に聞くことで、「それはどういうことですか？」といった質問が自然に出てきますし、聞いている姿勢がわかると、相手も話しやすくなると思います。沈黙を恐れず、相手の話をじっくり聞くことで、意外と会話が盛り上がることもあります。

また、沈黙には居心地のいい沈黙と居心地の悪い沈黙があると思います。もちろん相手が関係の深い方だったら沈黙すら心地良く感じるものですが、そうでない方との沈黙は気まずくなりがち。ただ、どちらかが沈黙をなくそうと必死に会話をつなぎ止めようとすると、結果本来の自然な会話の流れやリズムではなくなり、どんどん居心地が悪くなっていくかもしれません。

一瞬の立ち話などではなく割としっかり2人で話すシチュエーションの場合は、沈黙がやってきても、焦らない。気まずいと思わずに一息置いてゆっくり次の話題を探す。そんなふうに身構える癖がつくと徐々にどんな沈黙も自然と潜り抜けられるようになると思います。

19

初対面のアイドリングトークには話のタネを2つ持参する

初対面の方と会うときは、つい緊張したり不安になったりすることがありますよね。そわそわしていると、そうした気持ちは相手にも伝わってしまうため、事前に「今日はこの話をしよう」と少しだけイメージトレーニングしておくだけでも、初対面での会話の空気が良くなります。例えば、面接に挑む際も事前のイメージトレーニングや質問と受け答えの想定を自分の中に持っておくことが結果を左右するように、初対面の場でも少しだけ準備をしておくといいのかもしれません。話題を用意する際、私はひとつだと心もとなく、3つだと思い出せなくて焦ってしまうことがあるため、2つの話題を用意するようにしています。ひとつだけだと、その話題が相手に刺さらなかったときに一瞬で会話が終わってしまうリスクがあります。しかし、話題が2つあれば、最初の話題がうまくいかなかったとしても、2つ目に移行すればいいと思うとかなり気持ちもラクになります。さらに2つの話題を連結させたりすると、会話がより盛り上がるかもしれません。

また、話題の選び方も工夫することが大切です。ポイントとしては、

① 最初の話題は、できるだけ汎用性のあるものを選ぶこと。

② 2つ目の話題は、少し掘り下げた内容やより具体的なもので、その方と会うからこそという話題を用意すること。

最初の話題は、天気の話や最近のニュースなど。誰にでも共通する時事ネタや共感できる内容だと会話が盛り上がらないというリスクを避けることができます。

2つ目の話題は、少し掘り下げた内容や、より具体的なもの。その人を狙い撃ちした話題を用意することで、会話が自然に本題に近づいていくと思います。「今日お会いしたらまずこれをお伝えしたかったんです」というふうに会うことを楽しみにしていた気持ちが伝えられると会話の温度も上がります。

2つの話題を用意することは、会話に強弱をつけることにもつながります。そうすることで、会話がよりスムーズに進んでいくはずです。

20

自分を俯瞰で見る癖づけをする

将来こういう仕事をしたい、こういう人になりたいという理想ってありますよね。でも毎日忙しく働いていると、自分が今どのような状況にいるのかを見失いそうになるときはありませんか？ 若い頃は、がむしゃらに頑張らなければならない時期でもあると思いますが、自分の思い描く理想の姿と、今の現実をきちんと比較し、そのギャップを理解しておくことが大切です。

たった1ミリのズレが10年後には大きなズレになってしまう、という理論をよく聞きますが、頑張っていれば頑張っているほど、そうしたズレに気づきにくくなってしまい、年齢を重ねるにつれ、理想の自分と今の自分とのズレがどんどん開いてしまうことに。だからこそ定期的に自分自身を振り返り、俯瞰で見る作業が必要なんです。もし自分自身を俯瞰で見るのが難しい場合は、信頼できる先輩や仲間など、つねに自分を俯瞰で見てくれる存在を見つけて、定期的に2人で会うと、いいアドバイスをくれるはずです。

私の例で言うと、TBSテレビ時代の営業の先輩がまさにそのような存在でした。彼は、私が駆け出しの頃から気にかけてくれ、仕事だけでなくプライベートでも悩んでいたり辛そうな後輩を誘ってくれるような方でしたが、ある日彼に、「笹川はせっかく仲良くなっても、次の日には関係がリセットされている」と言われたことがありました(笑)。私は仕事とプライベートをどちらかと言えば分けたいタイプではあったのですが、自分ではそのことに気づいておらず、先輩の言葉で自分の特性に気づきました。困ったらいつも相談に乗ってくれて、私の仕事ぶりも知っているので、いつもリアルなアドバイスをくれる存在に救われていました。

もしかすると、器用に誰とでも人間関係をうまく築ける方であれば、そのような存在は必要ないのかもしれません。しかし、私はあまり器用なタイプではないので、そういう人と比較してしまうと自信がなくなることもありますし、自分が頑張っていることを認めてもらえているのか、求められているものに応えられているのかと不安になることもあります。なので、そんな自分を俯瞰で見てくれる存在がひとりでもいると、心の安定や仕事の効率も大きく変わると思うのです。

21

無になれる時間を毎日10分つくる！

心のリセットのために、無になる時間が必要とお話ししましたが、私の場合それに要する時間は体感10分。実際に計ったら2分半くらいかもしれませんが、この体感10分が、忙しい日常の合間で自分を整えるために欠かせない時間です。

例えば、朝から会議や撮影が続き、夕方になってようやく一息つける瞬間があるとします。その際、体感10分だけでも空を見上げて深呼吸することで、心の中のモヤモヤを少し解消できたり、仕事のストレスを家庭に持ち込まずに子どもと向き合う準備ができます。とくに、子どもがいると、仕事の疲れやイライラをそのまま持ち込むことだけは避けたいので、「無」になるリセット時間が必要なのです。

体感10分なので、その長さは日によって異なっていて、楽しい仕事を終えてハッピーな状態のときは、30秒でも一息つけたらリフレッシュは完了。その一方で、クライアントとのトラブルやしんどい出来事があった日は、しっかり10分は無にならないと心の整理がつきません。そのようなときの10分は、「今日は失敗したりいろいろあったけど、今から子どもが寝るまでは忘れよう！」と自己反省会をし、憂鬱な時間だったりするのですが（笑）。

世の中には、自分のストレスの抜き方がわからないという方もいると思いますが、そんな方はいろんな方のストレス解消法を聞いて、実際に試してみると、自分に合った方法が見つかる気がします。私の夫やNewMeを共同経営をしている篠原のストレス解消法は、人と会ってワーっと話すことなのだそう。それを見ていると「やっぱり私はひとりで無になって、静かに自分を見つめ直すことがリフレッシュになるな」と改めて感じました。

10分は一日の中でもほんのわずかな時間。しかし、そのわずか10分を自分自身に与えることで、心の健康が保てているのだと思います。なので、頑張っている人ほど、自分に合ったストレス解消法を見つけるのがおすすめです。なぜなら万一、心が折れてしまったときにストレスの上手な抜き方がわからないと、心がどんどんしんどくなってしまうから。何かひとつでいいのです。ストレスを解消できる「お守り」を見つけてみてください。

22

迷惑になるからやめようと思いすぎなくていい

日本人は、我慢が美徳と思っていたり忍耐強い方が多いので、どんなに苦しい状況に陥っていても、「助けて！」とSOSの声を上げられる人が少ない気がします。という私も本来、人に甘えるのがとても苦手なタイプです。

日本の教育は、「自分でどうにかしなさい」とか「人に迷惑をかけないように」と教えている気がするので、もしかすると「最初から人に頼るのは良くない」という感覚が根づいてしまっているのかもしれません。大人になった今はわかるのですが、若い頃は、どのタイミングで頼っていいのかがわからず、自分で悩み抜いても結局できずに、最後の最後で尻拭いをしてもらうなんてこともありました。

上司や年上の人からすると、もっと早い段階で頼ってくれれば問題が大きくなる前に解決できたのでは？と思うこともあるのです。しかし、ヘルプを出すタイミングを見計らうのはとても難しく、いつ求めるべきか本当に悩むところだと思います。
最近私が仕事をする上で感じることは、「得意なものは得意な人がやるのがいい」ということ。もちろん自分でやるべきことのボーダーラインを決めていますし、基本は自分でやろうとするのですが、やっぱり人には得意なこと、苦手なことがあるので、自分がどうしてもできないことは、「お願いしたら迷惑になるかもしれない」とは思わずに得意な人に任せるようにしています。

子育てに関して言えば、母や姉に助けを求めることも多くなりました。まだ子どもがひとりしかいなかったときには、迷惑をかけることを気にして、どうにか自分でこなしていたのですが、子どもが2人になって起業もしてとなると、とてもひとりでこなすことはできず、母や姉にかなり頼っています。母は孫に会えるのを心から楽しんでくれていますし、従姉妹と会えるので姉家族と会うのは子どもたちもとてもうれしそう。

年を重ねて気づいたのですが、後輩に頼られるとうれしいんですよね。頼られる側になり、実際に頼られると、迷惑だなんて全く思わない。だから人に対しても「迷惑になるかも」なんて思わなくていいのではないか？と思えるようになりました。実際、子どもの面倒を見ている母は、いつもとても楽しそうにしています。

23

〝借りを返す〟という心意気と心地の良い頼られ方

困ったときには、相手の迷惑になると思わずに、頼った方がいいとお話ししましたが、頼った後にどんな形で恩を返すかというのはまた人としてのセンスが出るなと日々感じます。誰かに手を借り、とても救われたのなら、近いうちにどこかで必ず相手の役に立とうという気持ちをしっかりと持っておくことは大事だと思います。〝借りを返す〟というと少し冷たく感じるかもしれませんが、親しき仲でもそんなことを少しだけ意識しておくべきだと思うのです。

例えば、突然友達に子どもを数時間面倒見てもらうことになったとします。次会うときにお気に入りのクッキー缶にメッセージを添えて渡すとか、そんなほんの気持ちのお返しをしたくなります。〝借りを返す〟という感覚は20代のうちは勉強不足でほとんど私は意識できていなくて、独立してからより大切にするようになりました。相手は見返りを求めていないかもしれませんが、お世話になりっぱなしはなんだか申し訳ないので、〝役にたつ〟という返し方でなかったとしても、何か気持ちだけでもお返ししたいのです。

返し方も大切ですが、そもそもの頼り方自体にも人柄が出ます。頼り方が上手な人や甘え上手な人というのは、他者から手を貸してもらいやすい人。頼り方の上手い下手は、実は言い回しひとつだったり、お願いするときの空気感だったりするので、頼り下手な私は周りの頼り上手さんを見て日々勉強中です（笑）。ただ、お願いするときに自分がどんな状況でどんな気持ちなのかを相手にしっかり伝えること、またお願いしたいことを端的に明確に示すことは大事だなと思います。頼り方を工夫することで、より良いサポートを得られる可能性が高まります。

人生は長いし、いろいろなことが起こるので、ひとりきりでは生きていけない。いろいろな人の力が必要だと子育てが始まり強く感じている日々なので、私も頼り上手を目指して試行錯誤してみます。

24

泣きたいときはしっかり泣く

忙しいときやストレスが溜まっているときに、泣きたい気持ちになることってありますよね。私自身、忙しすぎて自分のキャパシティを超えそうになると、ふとした瞬間や家事をしているときに涙が出そうになります。しかし、たまたま翌日に撮影が控えていたり、子どもが目の前にいるときは大泣きすることはできません。

私の経験上、泣きたい気持ちが襲ってきたときは、基本的にどこかで泣いておかないと自分の気持ちが崩れてしまいます。泣きたい気持ちは、心の中の「しんどい」感情のバロメーター。それと同時に、ストレスを解消するための手段でもあります。もし泣きたいときに泣かずに感情に蓋をしてしまったら、どこかで感情が大きく爆発してしまったり、心がポキっと折れてしまうと思います。だからこそ、いつでも泣きたいサインを見逃さずに、どこかでしっかり泣くようにしています。

しかし大人は子どもと違い、いつでもどこでも泣けるわけではないですよね。会社員だった頃は、仕事で失敗して落ち込んだときには、会社のトイレで泣いたこともありますが、最近はもっぱらお風呂で泣くことが多いです。翌日、顔がパンパンでもいいという日は、その日の夜に泣いたりしますし、涙を流しておくとストレスも一緒に流れていく感じがして、「また明日から頑張ろう!」と思えるのです。泣く時間は短くて3、4分ほど。大人になればなるほど感情のコントロールが上手くなってしまって、いざ泣いてもいいタイミングでも涙が出なくなったりします。なのでわざわざ泣くためのムードをつくることも(笑)。お風呂を暗くしたり、キャンドルを焚いたりすると、たとえ一旦泣きたい気持ちが引いてしまっていたとしても泣くことができます。

それにしても、子どもってすごく敏感で、とくに娘は私が仕事で余裕がないときや弱っているときには、なぜかすごく優しくなるんです。私が話を聞いてほしいとは一言も言っていないにも関わらず、「ママ大丈夫? 何かあったの?」と心配してくれるのです。子どもの前では泣かないようにしているし、つねに強い母ちゃんでいたいのですが、なぜか伝わってしまう。泣きたいほど弱っていても子どもの前だから泣けないとき、子どもが発する一言に救われています。

25

泣けるうちはまだマシ！

泣きたい気持ちは、心の中の「しんどい」感情のバロメーターとお話ししましたが、泣きたいと思うことや泣くことで感情を表現できるうちというのは、まだ心に余裕がある状態ではないかと思います。

自分が何かに対して「うれしい」「悲しい」「辛い」といったさまざまな感情を抱けるというのは、実は心がとても健康な証拠なのではないでしょうか。本当に疲れきって弱ってしまっていると、感情の起伏を表すためのエネルギーすら使うことができなくなってしまい、そうした気持ちにすらならず、感情が「無」の状態になってしまうのではないかと思うのです。そのため、「泣きたい」という気持ちがあるにも関わらず、その心に蓋をしてどこまでも走り続けてしまうと、感情の起伏がなくなってしまうように思います。

もし自分や友人、家族がそのような状態に陥ってしまったら、それはかなりの危険信号。そこまで心が弱ってしまうというのは、人生の中でも数回あるかどうか。20代、30代はたくさんの仕事をがむしゃらにこなさなければならない時期でもあるので、そうしたアラートが出ていないかをつねに注意深く見ていく必要があると思います。おそらく40代、50代は甘えられない立場になってしまっていて感情を剥き出しにしてはならない、仕事では部下をしっかりサポートし、家では思春期の子どもを強い心で支えなければならないなど、また別のしんどさがやってくるのだと思います。

感情の起伏がなくなってきていることに気づいたら、可能な範囲で仕事などその辛い事象と距離を置く時間を短くてもいいので作ってみたり、全く関係ないことに没頭できる時間をつくりましょう。休みの日に人に会うのも億劫になってしまうときは、ひとりで良いのでいい音楽や景色、アートなどに触れられる異世界で何も考えずラクに半日を過ごしてみる時間が取れると、なおいいと思います。

先ほどの話にもつながりますが、泣きたいときにはしっかりと泣く。そうすることで、アラートが出る前に、心を軽くすることができるのではないかと思います。

26

週に一度は体を労ることをする！ 今できていないからこそ強く思います（笑）

忙しいときは自分の体と向き合う時間がなくなり、しっかりとケアができないがゆえに体調を崩してしまうことがあります。だからこそ、自分の体をないがしろにして体調を崩してしまうよりは、週に一度は必ず体を整えるようにしています。今は子育てをしながら働いているので、なかなかできていませんが、できるだけ同じ曜日の同じ時間にスケジュールを組んでしまって、ジムやサウナなどに行くのが理想です。

以前は、ジムや整体、鍼灸院など、その時々の体調に合わせて行っていましたが、つねに首や腰などどこかが調子悪い今の私にとって、ジムは筋トレ中心のトレーニングなので、体の調整という意味では少し目的が異なっていました。そんな中、〝ジャイロトニック®〟を習い始めたのがきっかけで私は体のコンディションがかなり良くなりました。これまで、どんな運動も三日坊主で投げ打ってきたこの私が、珍しく3年ほど続けています。日本でも少しずつ定着していますが、元々はNYで生まれたプログラムで、ピラティスのようなマシーンを使い、体が持つ本来のしなやかさにアプローチし、呼吸や体の動きを調和させていく運動です。これを始めてから息をするのも肩の力を抜くのもかなり上達し、体がラクになりました。

私の場合はジャイロトニック®でしたが、例えばランニングやピラティスなど、自分のライフスタイルに合うものを見つけて体を整える時間を確保することが大切です。

私はジャイロトニック®の他に、時々サウナにも行っていますが、サウナにはストレス解消や代謝の向上などが見込める他、ひとり時間を持てるという副次的な効果もあります。ただ、週に1回のサウナや運動を計画しても、実際にはできないことも。運動やサウナを「○曜日の○時にする」と特定の曜日や時間に予約を入れて習慣化してしまえば時間の調整ができるので、忘れずに続けられると思います。

27

予定や行動を「仕組み化」すれば生活がもっとラクになる

毎日働きながら子育て、家事をこなしていると、やることが多すぎて段取り良く物事を進めることができなくなることがあります。気づいたら冷蔵庫にもう食材がなくなっていて、バタバタしながら「スーパー行かなくちゃ！」となったり。そんなときは例えば、火曜日と金曜日は必ずネットスーパーで注文すると決めておけば、冷蔵庫を開けて慌てふためいてスーパーに駆け込むということがなくなります。

あまり現実的ではないかもしれませんが、外食の日を決めることも有効で、例えば、水曜日は子どもと一緒にうどん屋さんやファミレスに行くなど決めておけば、その日は夕食を作らなくて済みますよね。

習慣化することのお話をしましたが、日常を「仕組み化」することは、生活を効率良く回すための手段でもあります。２人目が生まれてからはとくに意識をするようにしているのですが、実際にはなかなかできていません。

自分の行動だけでなく、人に物事を頼むときにもこれを意識しておくと、自分だけでなく相手にとってもルーティンとなり効率的だと思うのです。例えば母に手伝いに来てもらうときにも、「金曜日の夜は必ず来てもらう」というように日時を決めておけば、その時間に仕事の会食を入れることも可能になります。とてもシンプルな方法ですが、できるだけ日々のルーティンを決めるようにして、よりスムーズな生活スタイルが確立できるといいなと思っています。

28

いろんなところに油を売りに行く場所をつくっておく

会社でも近所でも、ふらっと立ち寄って、他愛もない話をできる場所を意識的につくっています。仕事をしていると「これを言ったらこんなふうに思われてしまうのではないか」と考えながら話してしまうことはありませんか？ 私は本来、とても心配性で繊細なタイプ。テレビ局のアナウンサーになったことで、人とのコミュニケーションも仕事のひとつになり、楽しめるようになりましたが、元々は人と会話をするのは好きだったのに家に帰るとどっと疲れが出てしまっていたので、気を張って頑張っていたのだと思います。でもそれは、頑張りすぎてしまっている証拠。だからこそ自然体で話ができ、肩の力が抜けるような場所をつくることが、自分にとっての息抜きをつくるという意味でも大切なことだと気づきました。

実際にどんな人やどんなところにそのような場所をつくっているかというと、近所のハンバーグ屋さんや中華料理屋さん、カフェなど。自分にとって利害関係がない人や場所というのがポイントです。同じ部署や上司の場合、どうしても自分の頑張りを知ってほしいという思いが出てきてしまうので、TBSテレビに勤めていたときには、車両室の方や食堂の方など、仕事の立場が関係しない人や場所につくるようにしていました。利害関係がない人であれば誰でもいいわけではなくて、自分が「この人面白そう！」と興味を持てる人がベスト。食堂の方で言うと、〝食堂にいるお母さん〟というような包容力をお持ちの素敵な女性がいて、よく立ち話をしていました。話を重ねるうちに、その方は栃木にある大きな食品サービス企業でプロジェクトを任されているキャリアウーマンで、毎日新幹線で赤坂まで通っているということがわかりました。いつも一口デザートをサービスしてくださったりして、その方の存在に救われました。

油を売りに行く場所では、話し込む必要はありません。ちょっと立ち話くらいでもいいのです。ふらっと立ち寄ってほっとできる場所を自分の周りにいくつか置いておくと、忙しかったり、日々の暮らしや仕事で行き詰まってしまったときに、心の拠り所になると思います。

29

出勤するまでの自分自身を整えるルーティン

局アナ時代の私の生活は、今思い返すととても忙しく、とくに、若手の頃は早朝番組を担当していて夜中の1時に出社する深夜勤務が続いていたため、当時は自分を整えるためのルーティンを大切にしていました。

それは、どんなに眠くても起きたら顔を洗い、歯を磨いて家を出て、行きのタクシーの中で細野晴臣さんの音楽を聴くこと。とくに『HoSoNoVa』というアルバムを聴いていたのですが、音楽を聴くことで少しでも気持ちを穏やかにして、仕事に向かう準備を整えていたのです。

また、就職活動の頃にも音楽で気分を高めるということをしていて、ウルフルズのトータス松本さんとSuperflyのコラボ曲『STARS』が、フジテレビの当時のある番組のテーマソングだったのですが、フジテレビを受けていたときにはこれを聴いて就活の緊張を和らげ、モードを切り替えることができました。

仕事が始まる前に自分を整えるという意味では、音楽だけでなく、食事でも整えていたように思います。中でも朝食は自分にとってとても大切で、冷凍のパンを温めるよりも美味しいパン屋さんで買ったパンを食べると気分が上がりましたし、落ち込んだ日には、帰宅時にパン屋さんに寄り、その香りに癒される瞬間が好きでした。翌朝の朝食に楽しみをひとつ設けるだけで、自分を励ますことができるのです。

とくにひとり暮らしをしていた頃は、「おはよう」と言う相手もいなく、味気ない朝を過ごしていましたが、自分を元気づけるためにホットコーヒーを淹れたり朝食に手間をかけたり、自分を大切にする時間を持つことが心の健康につながっていた気がします。今は2人の子どもを時間までに送り届けるため、戦いのように殺伐としている朝ばかりですが（笑）。

私にとって朝の時間は、自分を整える大切な瞬間。音楽や食事、洋服選びなど、些細なことでも自分を励ます要素を取り入れると、心の準備が整い、日々の生活に向かうエネルギーを得ることができると思います。

30

今の自分が好きではないなら好きな自分に近づくための計画を！

　自分のことを好きではないと、何をしても楽しくないし、何をやっても頑張れなくて、いいことがあっても、それをいいと認識できなくなってしまいませんか？　私の周りにいる幸せそうな人たちの共通点は、自分で自分を満たせたり、自分を認められるというところ。彼らは、自分の悪いところもいいところも受け入れているように感じます。例えば、感情の起伏が激しかったり、落ち込みやすい性格で、それを受け入れられずに「私はネガティブだから」と卑下すると、自分自身を満たすことは難しくなりますよね。「私はそういう人だから」と受け入れることで、少しずつ自分を好きになれると思うのです。

　私も20代の頃は自分に自信が持てず、「もっとこうなりたい、ああなりたい」と思っていましたし、自分のことを八方美人だと思っていました。情熱を持って何かに取り組んだ経験がなく、自分に自信が持てなかったのです。

自分で何か決めることも少なく、友人と遊ぶときも自分から誘うことはあまりなくて、どこか他力本願で流されるように生きていました。でも32歳でNewMeを起業し自分の苦手なことや逃げたくなるようなことも向き合いながら、チームで前に進む中で、失敗とともに小さな成功を積み重ねることで、自分に自信がついてきましたし、前よりも自分を褒められるようになりました。そうした積み重ねで30代になってからは、少しずつ自分を受け入れられるようになってきたんです。

自分を好きになれず、一生そのままでいるのはとても悲しいことです。「自分に自信がない」と思ったり、口に出したりするよりも、自分を好きになるための方法を試していくことが大切だと思います。具体的には、「なぜ自分を好きではないのか」「どの部分が受け入れられないのか」を書き出し、それを受け入れるためにはどうすればいいのかを考えること。人に褒めてもらって自信がつくなら褒めてもらうのもひとつの手だと思います。

自分を認めることができれば、何をしても楽しく感じられるはず。自分を好きになるための努力を続けることで、少しずつ自分の見方が変わっていくと思います。

31

自分を認めたいなら人との比較ではなく自分を受け入れること

「何者かになりたい」と思うことは、誰もが一度は抱く感情なのかもしれません。しかし、私自身は他人との比較をあまりしないタイプので、これまで隣の芝が青く見えて仕方ないということはありませんでした。

でも自信に満ちあふれていたかというとそうではなくて、どちらかと言えば自分に自信がありませんでした。年上というだけで相手に気を使い必要以上に立ててしまったり……。日本の会社では、年齢や入社年度を重視するというところも多いと思いますが、若い＝経験不足とどこかで思ってしまっている部分もあり、基本的に1回りも2回りも年上の方と働くことが多いせいか、自分の中で自分に自信が持てず周囲からの信頼を得られていない気がして、自信を失うこともしばしば。そのため、20代の頃は失敗して落ち込むとときはとくに生きづらささえ感じていたように思います。

しかし、30代に突入し、働き方が変わったのも影響したのか、年齢の壁が一気に崩れるのを実感。年齢なんて全く関係なくて、いろんな人と対等に仕事をすることが増えていったので、年齢の呪縛から解放されていったのです。すると、変な自信喪失や承認欲求がなくなり、頼りない自分を受け入れつつも、「自分がダメだったときには周囲の人々が助けてくれる！」というメンタリティを持つことができるようになりました。

20代の頃は、周囲に頼れる人だと認めてほしいという思いもあり、現場を回す責任感やセリフを間違えないようにしなければならないという思いや「自分でなんとかしなければ！」というプレッシャーで自分自身を苦しめていたのかもしれません。今は、誰かが助けてくれるだろうという気持ちを持てるようになり、自分ひとりですべてを背負わずに周囲のサポートを受け入れることができるようになったのです。この変化は、私にとって大きな成長でもありました。

どんな自分でもそれを受け入れ、自分を信じること。そして周囲の人に頼ること。それができるようになると、どんな自分も認められるようになると思います。

32

鈍感であることは大切なこと

私はあまり人の悪意や悪口に気づかないタイプで、肯定的に言えば鈍感力がある人間です。人に言われた言葉の意味を「あれってどういう意味だったんだろう？」と考えすぎてしまうことってありますよね。でもそれにとらわれてしまうと、せっかくの自分の時間が台なしになってしまいます。他人に言われた言葉でネガティブになってしまうくらいなら、人の言葉を気にしすぎないことを習慣化してしまえばいいのです。

人に言われた言葉の意味を詮索してしまいがちですが、実は言葉を発した側は深い意味を持っていないことも多くあります。モヤっとした気持ちを抱えたままでは次に進むことができないので、言われたことに対して深く考え込むのではなく、言葉にとらわれないですぐにリリースするようにすると、意外と気にならなくなることがあります。

人間関係において、他人の行動や言葉に対してモヤモヤすることはよくありますが、その本心を知るのは至難の業。いくら考えても本心は相手にしかわかりませんし、聞いたところで必ずしも正直に答えてくれるとは限りません。そんなわからないものにとらわれて、長時間悩んでいても仕方ないと思うのです。

もちろん自分で悩んで考え抜いた結果、答えが出てくるものについてはとことん悩んでもいいと思います。しかし、「この悩みは解決につながるのか？」と自問自答し、悩んでも何も変わらないのであれば、その思考を手放すことが必要です。解決しないような小さな出来事にいつまでも引きずられる必要はありません。

解決しないことで悩むよりも、いつもお世話になっている人や大切な友人にできるだけ思いを馳せてみませんか？　最近連絡をとっていない人や、感謝の気持ちを伝えられていない人を思い出すことで、自分の人間関係を整理することができますし、大切な人たちに改めて感謝するきっかけをつくることができます。鈍感力を活かしつつ必要な人間関係を大切にし、無駄な悩みを手放すことが、より良い生活を送るための鍵なのかもしれません。

33

居心地のいいお店や場所を見つける

自分がリラックスできるような特別な場所やパワースポットがあることは、とても大事なことですよね。私の場合、青山にある「a Piece of Cake」というカフェがパワースポットのひとつです。骨董通りにあるパンケーキ店「APOC」の店主・大川雅子さんが経営しているお店で、岡本太郎記念館の庭の中にあるため、ガラス張りの店内からは外に展示されている岡本太郎の作品を見ることができ、娘も雅子さんとご主人のことが大好きなので時々一緒にお茶をしたりもします。

パワーを得られる場所なので、悩んでいる後輩から「ご飯に行きましょう」と誘われたときや、元気のない友人と話がしたいときには、ここで話を聞いたりしています。珍しい植物も生えるたくさんの緑に囲まれていて、景色の抜けもよく、とても気がいい場所なのです。

また、そこから少し離れたところにある草月会館の中に店を構えている「コーネルコーヒー」や、六本木ヒルズ近くのけやき坂にあるチョコレートショップ「ル・ショコラ・アラン・デュカス」も私にとって居心地のいい場所。「コーネルコーヒー」は青山通り沿いに位置し、目の前に赤坂御所や豊川稲荷があって、緑豊かで落ち着いているので大好きなスポットです。「ル・ショコラ・アラン・デュカス」は、2階席からけやき坂の緑が見渡せるので、とても心地良く過ごすことができます。

これらはすべて、私にとって隠れ家のような存在で、とくに大切な友人を連れていく場所。光が差し込み、緑が見える空間というところが共通している部分でもあります。「a Piece of Cake」に関しては、ご夫婦で営む温かい雰囲気がお店全体の空気感をつくっていて、それが居心地の良さではないかと思うのです。心地いい空間で過ごすときは、日常のストレスを和らげてくれる大切な時間。どんなに忙しい日々の中でも、こうした特別な場所でリフレッシュすることが、私にとっての大切な習慣にもなっています。

34

すぐに行ける駆け込み寺をつくる

私自身、元々甘え下手なところがあり、何かに悩むとひとりで抱え込もうとしてしまいます。前までは自分だけの悩みだったのが、家族が増えた分考えることも増加。しかし、自分が行き詰まったときに「ここは駆け込み寺だ」と思える場所が2、3カ所あると、心に余裕が生まれ、お守りのような存在になると気づきました。

私にとっての駆け込み寺は、突然連絡して頼ってもいい相手や場所。例えばひとつは、家の近くに住んでいるご夫婦で、家族ぐるみで仲良くしていただいています。土日のワンオペになってしまう日に、子どもたちを連れていくとかわいがってくださるので私も気を抜くことができて救われます。もうひとつは2人の子どもを育てている姉で、私の家から車で約20分の距離に住んでいますが、子ども同士も仲がいいので、喧嘩もたっぷりしますが（笑）、とってもラク。そしてお隣さんや近くに住む娘のクラスメイト。そんな突然会いに行ける存在の皆さんに救われています。

単身赴任をしている方や、旦那さんの赴任に帯同して周りに知っている人が誰もおらず、孤独を感じているという人にとっても、神社だったり、カフェや八百屋さんなど何でもいいので、近くに駆け込み寺があると心強いと思います。


中には、私のように人に頼るのが苦手という方もいると思います。私も20代の頃は、ひとりで無になるのがリセット方法でした。両親や姉といった身内であっても、物理的にも距離があるので「助けて」とか「手を貸して」と言わないと、察してもらうことはできません。もししんどくなりそうな予感がするなら、1日前、あるいは当日でもいいので「無理かもしれない」と言えるようにしておくと、甘えるのが苦手という人もピンチを克服できるようになると思います。

もちろん、頼る相手は身内である必要はありません。自分が甘えられたり、気がラクになれる人がいれば誰でもいいと思います。例えば、シッターさんや家事代行の方に手を差し伸べてもらうのもたまにはいいと思います。どんな人や場所であっても「かけ込み寺」があるというのは、日常生活の中でのストレスを軽減し、心に余裕を与えてくれる大切なことだと思います。

35

自分で自分を褒める癖づけをする

大人になって社会に出ると〝仕事を頑張ることが当たり前〟で、なかなか褒められることがありません。でも自分的にはしっかり頑張っている、そう感じるのであれば自分でしっかり自分を褒める癖をつけましょう。私の周りを見渡すと、楽しそうに生きていたり、いつも機嫌が良さそうな人たちは、自分を自分で満たすことが自然とできている気がして、「自分を褒める」ということや、「自分を好きになる」ということが共通しているのではないかと思うのです。

この「自分を褒める」ことは、自分自身を褒めることで心を安定させたり、心が満たされないと意味がないと思います。ただ表面的に「よし頑張った」と口にするのではなく、自分を俯瞰して、本当に努力し頑張りきれたのかを正しく評価した上で褒める必要があると思います。自分に自信がなかったり、なかなか自分を褒めることができないという方は、自分を褒める訓練を少しずつ行うことも大切。小さな目標でもいいので、それを達成できたと思うことを積み重ねることが大事。自分が何をどう頑張ったか、他者との比較ではなく過去の自分と比較して、何がどうできるようになったかなどを明確にして自分を褒めることを癖づけていくと、いつの間にか道を歩きながらでも、自分のいいところを自然と褒めることができるようになると思います。それができるようになると、失敗したり落ち込むことはあっても、ある程度まで自分を立て直す力がついてくるのです。

褒める癖づけをするには、褒め合う文化をつくることも重要だと思います。私はよく、親友とのＬＩＮＥで「生きてる？」と確認し合いながら、「頑張ってるよ」とお互いを褒め合ったりしますし、私の会社では褒め合いの文化が根付いていて、小さなことでもＳｌａｃｋ上で褒め合ったり、何かにチャレンジした人がいれば「それは素晴らしい！」と称賛することで、ポジティブな雰囲気が生まれています。

最初はやり方がわからないかもしれませんが、ノートやスマホに書き出してみたり、他人と話しながら、褒めてもらうことから始めるのもいいと思います。褒めると相手も自然に褒め返してくれますし、相手の素敵なところを見つけて口にすると、いい循環が生まれる気がします。

36

会話が苦手なら聞き手に回ってみる　話題に困ったら相手の頑張っていることを話の中心に

社員の方に向けてコミュニケーションをテーマに企業で講演を行わせていただく機会があるのですが、話の盛り上げ方についてよく質問をいただきます。ただ、話す側に立ち、会話を盛り上げるというのは非常にハードルが高いので、その役割は話すことが好きな人が担うのがいいと思っています。なので、もし話すことに苦手意識があるのなら、早めに自分が聞き手に回ってしまうことが、会話がラクになるひとつの手だと思います。質問をしていくときのスタンスとして、シンプルな次の2つのパターンを意識しておくと会話を重ねやすいかもしれません。

①共通の話題を探す質問

例えば年齢や出身地、料理はするか、好きな旅行先はどこかなど、どんなことでも構いません。ただ可能であれば「あなたはどうですか？」と同じ質問を返されたときに、少しでも自分も話せるエピソードがあるテーマにすると、その後の自然な会話につながるので意識してみてください。

②相手との明らかなギャップを探す質問

例えば30も年の離れた異性の上司と話すときなど共通の話題を探すのが難しそうな場合。そんなときは昭和と平成、学生時代に聴いていた音楽、休みの日の過ごし方など相手とのギャップを話題にしましょう。相手が出す固有名詞を全く知らない場合、素直に「知りません。どんなものなんですか？」と聞き手に回るいいチャンス。知らないけれど知りたい思いをしっかり伝えて、リスペクトを持ちながら好奇心を質問に乗せてみましょう。

もしどうしても会話をしなければいけないときは、相手が頑張っていることを知り、それのどこが素晴らしいのかを言語化することが大事です。例えば職場で営業の先輩と初めて話す際に、その部署の最近の功績や、先輩がどのように貢献しているのかを理解し、それを示すだけで、相手は「この人は自分を理解してくれている」と感じるはずです。事前に話すことがわかっている場合は下調べができますが、突然そんな局面に遭遇した際は、ひとつずつ丁寧に聞いていって本人が頑張っていることを聞き出しましょう。他にも、ママ友との会話の場合は、「〇〇くんはひらがなが得意で、うちの娘に教えてくれているそうです」といった具体的な褒め言葉を言ってみると、相手に興味を持っていることが伝わりますよね。

こうしたテクニックはよく使われるものだと思いますが、相手が頑張っていることをしっかりと捉えることが大切です。私は現在ＴＯＫＹＯ ＦＭで『Ｆｕｔｕｒｅ Ｐｉｘ』という番組を担当していて、ゲストに経営者の方を迎えＤＸについてお話を聞くのですが、本題に入る前にその方がＳＮＳやブログで熱心に語っている話題などに触れると、話が圧倒的に盛り上がったりするのです。

相手との会話で盛り上がる話題ってさまざまありますが、頑張っていることをテーマにするとダイレクトに相手を理解することにもつながり、良好なコミュニケーションを築く鍵になると思います。相手の努力や情熱を理解し、共感することで、より深い関係を築くことができるのだと思います。

37 本当に疲れたらひとりで夜の散歩

毎日仕事や子育てで忙しくしていると、どんどん疲れが溜まっていきますよね。疲れを感じたときには、長時間お風呂に入ったり、サウナで汗をかいたりしてリフレッシュするようにしていますが、年に一度ほど、あまりにも疲れ果ててしまって、「もう全部嫌だー！」と思うときがあります。そうなってしまうと、長風呂やサウナだけではリフレッシュできないことも多いので、子どもと夫が寝静まったときに、夜中にふらっと散歩に出かけるようにしています。

若い頃は、夜中まで飲んで外を歩くということをしたりもしましたが、今は夜は5歳と0歳との時間。夜中に外に出ること自体が非日常的な体験です。母親や妻として仕事や子育てに悩む日々の中で、日中に自分だけの時間をつくるのが難しいからこそ、夜中にひとりで過ごす時間はまた違った特別感がありますし、日中は子どものことや仕事のことに気を取られがちですが、夜中に誰もいない時間に外に出ることで、心がリセットされる気がしています。

夜の街というのは、静まり返っていて人も歩いていなくて、昼と同じ普段の生活空間なのに全く異なる表情をしています。賑わっている商店街には人がおらず、普段見慣れた場所がオフの状態であることを感じると、自分自身の思考が整理されることもありますし、そんな中を好きな音楽を聴きながら歩くと、学生時代の夜の散歩を思い出して、少しエモーショナルな気持ちになったりもするのです。

私が初めて夜の散歩をしたのは、上の子が生まれて半年ほど経った頃。そのときは、ただ外を歩くだけなのに、心が軽くなったことを今でも覚えています。それ以来、疲れ果ててしまったときには夜の散歩を取り入れるようになりました。

ただ、先日すっぴんで髪もボサボサ、ビロビロのジャージ姿の状態で夜のお散歩をしていたら、近所の友達にばったり会ってしまい、「ねぇ、大丈夫？」と心配されてしまいました（笑）。

非日常であることが心をリセットしてくれるポイントなので、遠くの美術館などにひとりで行ければいいのですが、もっと手軽に非日常感を味わう方法として最適なのが、夜中の散歩だと思っています。意外とおしゃれをして遠くに出かけると、楽しもうと必死になってしまってリラックスできなかったり、逆に何をしていいかわからなくなってしまったりすることもありますよね(笑)。なので、気負わずにふらっと近所に出かけることの方が、実は贅沢な時間だったりします。

また、遠出をするとなると計画を立てて子どもを預ける準備をする必要が出てきてしまい、逆にその準備がストレスになることもあります。誰とも約束せず、フラっと夜中に近所を歩く手軽さがいいのです。

もしまだ試したことがない方がいれば、ぜひやってみてください。30分ほど自宅の周りを一周するだけで、心がスーっとリセットされていくと思います。

38

口角を上げて暮らそう！

忙しいときって、ふと気がつくと口角が下がっていませんか？　私もそんなときがよくありますが、外に出るときはなるべく口角を上げるように心がけています。例えば、駅を出てスマホをいじりながら下を向いて歩いているなど、ふとしたときでも口角を少し上げておく。その癖づけをすることで、相手が自分に抱く第一印象が良くなり、温和でやわらかいイメージを抱いてくれやすくなります。

会社で仕事をするときはつねにONモードの自分になっているので、いつの間にか顔つきも戦闘モードに。口角を上げるのも忘れてしまいがちなので、お手洗いで鏡を見ながらメイクの確認をするついでに、口角を上げるように意識しています。最近は会社に出社せずに、リモートでお仕事をする方も増えていて、リモート会議も増えましたが、他の人の話を聞いていると無意識に口角が下がりがちになってしまうので、口角を上げるように意識すると顔の印象が良くなります。

こうした小さな努力は、実は挨拶をしっかりすることと同じくらい重要なことだと思うのです。口角が下がっていると機嫌が悪く見えてしまいますが、口角を上げるという「小さなこと」をするだけで機嫌が良く見えて、話しかけやすい雰囲気をつくり出してくれるような気がします。しかし、話しながら口角を上げるというのは実はとても難しく、よく「どうやって口角を上げて話しているの？」と聞かれます。

私の場合、アナウンサーとして画面に映る自分の姿を見て、「どうやったら話しながら口角を上げられるんだろう？」「どうやったら素敵に映るだろう？」と試行錯誤をした結果、笑顔で話すことを意識すると自然と口角が上がることに気づきました。

具体的な練習方法は、「口角あたりに人さし指の腹を縦に添えて、指を斜め上に引っ張り上げる」。すると口角が自然に上がるので、その口角が上がる動きを感覚としてつかめるようになると自然と定着します。ぜひ試してみてください。

口角を上げることは、第一印象を良くするだけでなく、少しずつ意識していくことで自然と口角の上がった表情が癖づきますし、口角が上がると機嫌が良さそうに見えて、自然と人が集まってきてくれ、周りといいコミュニケーションが築けると思います。

39

休日の予定には余白を持たせるようにしている

フリーランスになって起業もした今は、何足ものわらじを履いているような状態で、とくに平日は仕事が忙しく、つねに何かに追われている気がします。平日ばたついている分、土日は「○○にお出かけしよう！」「○○に会おう！」と予定を詰め込みすぎないようにしています。夫も子どもも平日は社会で闘っているので、以前は土日こそどこかに子どもを連れていってあげたいと気合いを入れていましたが、最近は毎週末のように遠出するのではなく家の周辺でのんびりする方が、生活のリズムが整っていいなと思っています。

休日に予定を詰め込まずに余白を持たせるようにすると、突然「友人に会いに行こう」とか、「ここに行ってみよう」と、機動力を発揮できることも。土日は自分の気の向くままに過ごすと、平日をより充実させることができると思います。

予定を詰め込まないというのは、土日のどちらかに予定を入れたら、もう一方は何も入れないというイメージ。例えば、土曜は予定を入れないでおいて、日曜に姉家族に会ったり、近所の友達と遊んだりするといった感じです。


私の周りには、休日に予定を詰め込むだけでなく、子どものために月に数回ビッグイベントを用意してあげている子どもファーストなご家族もいます。その家に生まれたらとても幸せだと思うのですが、私たち夫婦の場合、結婚前から夫は行きたい場所ややってみたいことがたくさんあって、私は無趣味人間というバランス。なので週末はいつも夫に連れ出してもらっていました。その後、子どもが生まれたときに「子どもばかりを優先しすぎて、自分たちを後回しにするのはやめようね」と決めました。例えば、「たまには大人だけで美味しいものを食べに行きたいじゃん」となったら、この取り決めがあって良かったと思えますし。

子どもデーを設ける日もあるけれど、2人目が生まれて4人家族になったばかりの今は、あまり張り切ってあれこれ頑張りすぎなくてもいいと感じています。子どもって近所の公園に行くだけでも、案外とても喜んでくれたりするのです。

40

気に入ったものに囲まれて暮らす

年々、ものに対する考え方が変わってきて、とくに家具は、使用時間も期間も長く、居住空間を彩るものなので気に入ったいいものを使いたいと思うようになりました。最近、清水の舞台から飛び降りるような気持ちで素敵な照明をひとつ購入したのですが、よく考えれば自分たちが365日使うというだけでなく、後々子どもに譲ることもできるので、いい家具を迎えるというのはいいことだなと思いました。

元々、器を集めたり衣食住にまつわるものが好きだったので、自分の住む場所を好きなもので囲むことの大切さを改めて感じています。家族が少しずつ増えていく中で、寝室には娘が書いた絵を飾ったりしているのですが、自分たちが暮らす場所を好きなもので彩ったり、こだわるようになると、家がどんどん好きになって、愛おしい場所になるのですよね。

家の中でとくに居心地がいい空間はリビングで、家族全員がつねに集まる場所。夫も私も、昔から自分の部屋にこもるタイプではなく、私はあまり自分の部屋で過ごしてきませんでした。夫の実家でも、家族みんながリビングで過ごしていることが多いのです。娘が思春期になる頃には子ども部屋を用意してあげなければいけないなと思いながらも、居心地のいいリビングがあれば必要ないかもしれないと思っています。


洋服についてでは、お買い物ってすごく楽しいしうれしいし、大好きだったのですが、買うときに「これって本当に必要かな？」と考えるようになりました。整理整頓が苦手で、ものがどんどん増えていってしまうので、「これはいる？　いらない？」と考えながら片付けていく行為が面倒くさすぎて……(笑)。それもあってあまり洋服を買わなくなりました。

洋服はあまり買わなくなりましたが、いつまでも大切に持っているものもあります。例えば就職活動をしていたときに着ていたネイビーのセットアップのスーツ。思い出が詰まったものって、捨てられないですよね。

41

頭をやわらかくすれば深呼吸もできてリラックスできる

毎日忙しく働いたり子育てをしていると、頭がすごく疲れませんか？ 私の場合、頭がガチガチに硬くなると、眼精疲労も出てきて、呼吸が浅くなるような気がするので、もし10分だけマッサージを受けられるとしたら、体ではなく頭をやわらかくしてもらいます。しかし、最近はなかなかマッサージやジムに行く時間もないので、大好きなお風呂時間でいろいろなことを試しています。例えば、お湯に浸かった状態でも使えるEMSの頭皮マッサージ器を使ったマッサージ。

子どもが早く寝静まり、珍しくゆっくりお風呂に浸かれる夜に、私が実際に頭をやわらかくするためにやっていることはこんな感じです。

薬草のオイルで頭皮をやわらかくする→シャンプーで髪を洗う→トリートメント

を塗布して湯船に浸かる↓こめかみから耳上を指でマッサージ↓耳を引っ張ってグリグリと回す↓EMSのマッサージ器で頭を前から後ろに向かってマッサージ↓お風呂から出てトリートメントを洗い流す

もしできるのならばお風呂に入るときには電気を消して、いい眠りを誘ってくれそうな香りのキャンドルを焚き、血行を良くするバスソルトを入れて湯船に浸かるのがベストです。

夫が購入したマッサージ器を夜な夜なこっそり拝借しているのですが、肩や首、腰やお尻のマッサージを最低でも週に2回やっておくと、マッサージに行かなくても1カ月ほどは体が凝り固まらずにいられる気がします。アスリートも使っているような本格的なものなのですが、元々はもう少し簡易的なものを使っていたところ、ある友人から「そういう簡易的なものよりもこれがいいよ！」とおすすめされ、実際に使ってみたらすごく良かったので、今となっては手放せない存在です。

頭に限らずしっかりとセルフケアをすることは、外に出かけてマッサージを受けなくてもいいので時短にもなりますよね。忙しい人こそ、しっかりとケアをしてみてほしいです。

42

毎日忙しいからこそ夫とはたっぷり会話する

私が夫の両親と初めて会ったのは、大阪のユニバーサル・スタジオ・ジャパン。付き合ったばかりの初対面で子どももいないのに、夫の両親と4人で遊園地に行くというこ ともなかなか面白い出来事ですよね。ジョーズに乗ったり、ハリー・ポッターのバタービールを飲んだりと、楽しい時間を過ごしたのですが、一番衝撃を受けたのが、夫の両親がつねに2人でずーっとおしゃべりをしていたこと。「パパ、あそこのパン屋のあれ、美味しいって○○さんが言ってたで」というような何気ない会話をしたり、いい意味で我々に関心がないような感じでずっと2人で話していて(笑)。2人が結婚した頃も今と同じように仲良くずっと話していたのだろうと、2人の若かりし頃を想像して幸せな気分になったのを覚えています。

その影響なのか、夫も家での会話量が多く、帰宅すると今日はどんなことがあったとか、どんな人に会ったとかたくさん話をするのですが、私も自然と会話を楽しむようになりました。平日はお互い仕事が忙しく、子どもの送迎や習い事などもあり、すれ違いがちなのですが、例えば食事の時間や週末には、何気ない会話でもいいので、話をするのってとても大切だなと感じるようになりました。

私たちが仕事の話などが止まらなくなると娘が時々怒ったりもします（笑）。「ごめん、話したいこと、どうぞ！」って促すと、いざ振られると困るようで「……今日のランチはオムライスでした〜！」なんて一言を変顔とともに放つ娘。「パパとママの中心にいたいという娘の気持ちを知り反省しつつも、また話し始めてしまう我々。日によってはすれ違ってしまうこともありますが、年を重ねてもよく会話する夫婦でありたいなと思います。

43

自分を安定させるお守りアイテムを常備

フリーランスとして働いていると、会社員時代よりも不安になることや悩むことが多くなりました。育児と仕事を両立させるために、忙しすぎて不安を感じる余裕もないのも実情で、麻痺している部分もありますが、忙しいときや不安なときこそ、自分を安定させるものって必要ですよね。私の場合、家にお気に入りのお香を常備しています。最近とくにハマっているのが、「マリアージュ フレール」という紅茶専門店のお香。紅茶専門店ですが、お香も取り扱っていて、中でも甘すぎない複雑な甘さがあり、心がホッとするような感覚になれる「FALL IN LOVE」という香りがお気に入りです。

いいお香はゆっくりと燃えて香りが広がるのですが、いろいろなブランドのお香を試してみると、中には火のつきが悪かったり、香りの広がりがイマイチだったりすることも。しかし、「マリアージュ フレール」の「FALL IN LOVE」は非常に満足度が高く、私の生活に欠かせないアイテムとなっています。また、プレゼントしやすい値段なので、友人へのプチギフトとして贈ることも。紅茶専門店のお香なので紙袋を持っていくと、みんな「あ、紅茶ね」という反応をするのですが、中を見るとお香なので「紅茶だけじゃないの？」と驚いてくれます。私もドヤ顔で渡すのが好きなのです（笑）。

最近は香木にも興味があって、「オフィシーヌ・ユニヴェルセル・ビュリー」というフランスのブランドの香木が気になっています。香木を焚くための香りつきのマッチも販売していて、友人にはプレゼントで贈ったのですが、自分ではまだ試したことがないので使いたいなと思っているアイテムです。

お香や香木だけでなく、お花でも音楽でもなんでもいいので、自分の機嫌を最低限保てるものを持っておくと、心の安定剤になると思います。私の友人の場合、頑張って買ったジュエリーが仕事へのモチベーションを高めてくれるという人もいますし、車の運転が好きな友人は「運転するのが一番落ち着く」と言って、私を迎えに来てくれたりします。心を安定させてくれるお守りアイテムがあるということが、不安や悩みから解放され、ホッとする時間を与えてくれるのだと思います。

44

自分をフラットな状態にしてくれる親友に会う

私にとって友人、中でも中学時代からの親友たちは、自分を一番フラットな状態にしてくれる大切な存在。中学から大学まで附属校に通っていたこともあり、13歳からずっと一緒に育ってきた彼女たちは、いつも変わらずそこにいてくれるからこそ、自分自身を知るバロメーターのような役割を持っていてくれている気がします。

みんなママになっていたり、それぞれが社会に出て必死に生きていて、当時とは置かれている状況も変化しているけれど、彼女たちとの関係性は変わらないので、昔と比較して今の自分がどんな状態かを知ることができ、自分を俯瞰で見ることができるのです。

例えば、親友たちと会っている時間ですらいっぱいいっぱいになっていつものように楽しめないでいると、「今の自分はオーバーワークだから、少し緩めるようにしよう」と思ったり、「いつも彼女たちに会うとこういう気持ちになるのに、今はそれとは違うな」と思ったり、親友たちが「ちょっと頑張りすぎじゃない？　大丈夫？」と言ってくれたり。自分の置かれている現在地を見失っているときや、とりあえず前に進んでいるはずなのに、自分ではよくわからない状態になってしまっているときに、いちいち聞かずとも、自分の今の状態を気づかせてくれるのです。

とくにこの3年間は、会社を辞めて、会社をつくってと環境の変化がめまぐるしく、毎日をなりふり構わず必死に生きるので精一杯でした。どうしても仕事と家庭を優先して動いていると、会う時間をつくることすら難しくなってしまいます。でも逆手に取れば、なかなか会えないからこそ久しぶりに集合できるときの喜びはひとしお。仕事の合間の1時間だけでも集合し、お互いの健康と状態を確認し合い、頑張りを讃え合って解散!!　そんな他愛もない彼女たちとの時間があるからこそ、いつものフラットな自分に戻ることができるのです。

45

落ち込みがち＝睡眠不足!!

毎日生きていると、ときには気分が落ち込むことってありますよね。私の場合、落ち込んだり悲しくなったりする原因の多くは、寝不足。日本は先進国の中で最も睡眠時間が少ないそうで、その上女性の4割は毎日6時間も寝ていないという記事を目にしたこともあります。

私は人一倍睡眠欲が強く、本当は1日8時間は寝たい……！　しかし、最近の生活のリズムを振り返ってみると、大体寝るのが夜の12時頃で、今は下の子が夜中や早朝に起きることもあり、5時間半から6時間程度の睡眠時間です。理想としては、あと2時間は寝たいところですが、今は一時的にどうしても睡眠不足の日々が続いてしまいます。

最近よく耳にする「睡眠負債」という言葉は、睡眠が足りずに慢性化してしまうと睡眠負債に陥り、脳にも体にも影響を及ぼすようになるというものですが、まさにその通り。私も睡眠が足りていない状態が続いてしまうと、徐々にネガティブになっていくのを感じているので、睡眠で自分の心を整えることが何より大切だと思っています。自慢できる特技でもないのですが、ＡＤ時代に得た特技で、いつでもどこでも割と寝られるので、どうしても眠いときは、移動の電車やタクシーの中などたった5分だけでも寝て、睡眠の底にタッチして返ってくるイメージで短い睡眠を取ります。

もちろん、運動や食生活も大切ですが、私にとっては睡眠が一番の優先事項。単純なので、しっかり寝られてさえいれば大体幸せなんです(笑)。一時的に忙しく働いたり、子育てで眠れないというタイミングは誰しもあると思いますが、睡眠不足が続くと、集中力が低下したり、ちょっとしたことでイライラしたりすることも。しっかりと睡眠をとることで、心も体もリフレッシュされ、ポジティブな気持ちを取り戻すことができます。寝ることはとても大事なこと。心が落ち込みそうだなと思ったら、たっぷりと寝てみてください。案外、心が軽くなるかもしれません。

46

心身ともに疲れ果てたら とりあえず好きなものを食べる

心身ともに疲れ果てたときには、好きなものを思いきり食べて、たっぷりと寝ることが一番の解決策だと感じています。もちろん、悩みを解決するためには、自分と向き合ったり、ノートを開いて考えを整理することも必要ですが、そうしたことをするよりも、まずは自分を甘やかす時間を持つことが大切だと思います。

これまでの経験を振り返ってみても、つい物事や仕事の悩みなどを複雑に捉えがちで、悩めば悩むほどその問題が複雑化してしまうことがあります。しかし、実際にはその原因や答えも意外とシンプルなものだったりします。そのことに気づいてからというもの、私はなんでも「シンプル化」をひとつの目標にしているのですが、「疲れたら体が欲している好きなものを一旦食べて心を満たす」というのもシンプル化の一環。栄養やカロリーを気にせず、本当に自分が好きなものを食べることは、心のリフレッシュにつながります。

もし私が今とても疲れていて、好きなものを食べるとしたら、TOHOシネマズのキャラメルポップコーンを選びます。元々映画が大好きで、昔はよくひとりで映画館に足を運んではポップコーンを食べていたのですが、赤ちゃんがいる今はなかなか通えず。

そんな今の小さな夢はレイトショーにひとりで出かけ、Lサイズのキャラメルポップコーンとソルトポップコーンのハーフ&ハーフを誰にも邪魔されずにひとりで抱えて食べる(できればビールもお願いします!)。何かのご褒美のタイミングで実現しようと思います(笑)。

47

シャカリキに働く時期も大事！

仕事に対して気持ちが少しラクになり始めた30代。単純に年を重ねることで肩の力が抜けたというのもありますが、認められなきゃという承認欲求や若さゆえのプライドが軽くなったように感じます。それは20代のうちに好きなだけ思いっきり自分の中で満足できるほどに働いたという思いがあるからこそ。

少し目上の方でかっこよく生きていらっしゃる女性の先輩とお話しをすると、皆さんシャカリキに働いた時代があったと言います。20代は結婚や出産前に自分の好きなように働ける貴重な時期で、そこで自分が満足できるまでしっかり働いたと実感できると、30代、40代に向けての自信や経験値が増す。さらに働ききったことで自分を認めることができたからこそ、今の自分につながっていると思います。

もちろん、シャカリキに働く中では失敗することもあると思います。でも失敗を重ねながらも立ち上がってきた経験は、自分の引き出しを増やしてくれるのです。それに仕事に対して「あのとき、もっとこうできたはず」と未練があると、次のステップに進むのが難しくなってしまう。だから20代のうちは自分に対して小さな目標を立てて、それを達成して成功体験を重ねていくことで自信につなげていき、30代で新しい働き方をするための原動力にしていきました。

次のステップに進むために必要な自信をつけるための目標設定なので、高く設定する必要はないと思います。例えばその会社で管理職や役員になるというようなないくらでも上を目指せるような目標設定もいいと思うのですが、あまりにも高い目標にしてしまうと、やりきったかどうかを判断しないといけないときに「まだこれできてないし、力もないし」と今までの働きぶりに満足できないと思うんです。広い視野で、自分を俯瞰的に見つめたときに、「この仕事はやりきれたかどうか」「目標としていたことが達成できたかどうか」を判断できる目標設定にすると、今の環境に留まるべきか、新しい挑戦をするべきかが見えてくるはずです。

48

モヤモヤした気持ちは次へのチャレンジにつながる

誰しも仕事やプライベートで漠然とした不安やモヤモヤした気持ちを抱えていると思いますが、女性はとくにそうした気持ちを抱えやすい傾向にあると思います。意志ある女性のためのキャリア支援事業を展開するＮｅｗＭｅを起業したのも、働く多くの女性が「不安を抱えている」という事実を痛感したことがきっかけでした。

モヤモヤした感情があるととても疲れますし、何をやっても楽しめなくなり、エネルギーを消費してしまいますよね。忙しい日常の中では、そのモヤモヤを見て見ぬふりをしてしまうこともあると思いますが、実は一度しっかりと向き合い、整理するのが重要ではないかと思うのです。モヤモヤを抱えて今が辛いと感じている人はとくに、思いきって自分と向き合う時間を持つことが、より効率的に働くためには大切なことのような気がします。

ですが一方で、モヤモヤを抱えているということは、実は変化のきっかけになるとも思っています。なぜなら今の環境に満足しているなら、モヤっとした感情なんて生まれませんし、変化を求めようともしないはずです。モヤモヤというものは、ネガティブな感情として捉えられがちですが、実はそれが新たなチャレンジや可能性を開く扉でもあると思うのです。もっとこうなれるかもしれないという自分への期待の裏返しかもしれません。

なので、モヤモヤの理由を因数分解するようなかたちで一度、「本当はどうしたいのか」と自分のフラットな気持ちに向き合う時間をとって、モヤモヤをポジティブに変換する作業をしてみるのはいかがでしょうか。

49

自分の10年後の姿をぼんやりと思い浮かべて生きる

もし次のステップを考えているなら、理想の自分を描いておくことが大切。私の場合、50歳になった自分を漠然とイメージしていて、そのためにはいくつかのステップを踏む必要があるのですが、例えば「今は目標の4ステップ手前にいるから、次のステップはこうしておかないとな」という感じで次のステップに進むための道筋を考えています。

でもその目標は数値的なものというより、もっと抽象的なものでもいいと思うのです。具体的には「○歳のときに年収○千万で、最終的には○千万になりたい」とかではなく、「若者たちにも面白がってもらえるイケてるおばさんになりたい」のような感じ。

この「イケてるおばさん」を分解してみると、自分の仕事をしっかり持ち、経済的にも自立していること。そして、ファッションもその人らしいスタイルを確立していて、若い世代とつながれること。そのためには若い子たちに興味を持ってもらえるような魅力を持つことが求められますよね。つまり、人に流されるのではなく、自分の軸と世界観をしっかり持って生きていて、近寄りがたさはなく朗らかな存在。そして若者の文化にも興味や理解がある。

目標は具体的じゃなくて、ほわんと漠然としたものでいいのです。その目標を自分できちんと噛み砕いて分解していけるかどうか。そしてそのために逆算して行動していけるかが大切なのではないかと思います。

50

コツコツ頑張っていれば必ず見てくれている人がいる

仕事って実際には派手なことばかりではなく、細かいことばかりですよね。日々の業務の中で、嫌になることや評価されないと感じることもあると思いますが、細かいことを丁寧にこなすことは、いつか信頼を得ることにつながると思っています。

私の実体験で振り返ると、ＡＤとして働いていたときのことがまさにそうで、当時はとりたてて「コツコツ頑張ろう」と意識していたわけではなく、ただ必死に毎日を過ごしていました。しかしアナウンス部への異動が決まった際、会社からのリリースに「制作でＡＤとして現場できちんと仕事をした」というような文面があり、異動して数年経った頃に人事部の先輩と話した際にも、「当初希望していた部署ではなくてもきちんとやっていたから異動することになった」という話も聞きました。

会社員であるならなおのこと、自分の希望する場所や理想の仕事ができないことってありますよね。ADとして制作に配属されたときに「頑張れよ！」と言われたのですが、私自身はADの仕事も面白く、毎日一生懸命働いていました。しかし、もしそこで心が折れてしまっていたら、アナウンス部への異動はなかったのかもしれません。

たとえ自分の理想とする仕事ができなくても、面白さを見出したり、自分なりに目標を持って一生懸命に取り組むと、実は周りで見てくれている人は必ずいて、次のステップにつながる。根性論のように聞こえるかもしれませんが、どんな環境に置かれても、腐らずに目標を見つけて努力することは大切だと思うのです。

コツコツと努力することは、ときには心が折れそうになることもありますが、必ず誰かが見てくれていると信じて続けることが大切です。

51

声をかけてもらったら基本的にはチャレンジしてみる

ＮｅｗＭｅ株式会社を起業して、女性のキャリアに関する事業を通してさまざまな方とお話しする中で、男女の生き物としての違いについての話になることが多く、ニューヨークタイムズ・ベストセラーとなった書籍『なぜ女は男のように自信をもてないのか』によると、女性は全てが完璧に揃っているときしか、自信を持てないそうです。一方、男性は完璧でなくても自信を持てる人が多いと論じてあり、まさにその通りだなと感じることがあります。

女性は周りがこの人はできるなと思っていたり、本人も8割方できると思っていても「できるかもしれません」と控えめに言うことが多いのに対し、男性は3割しかできないことも「できます」と自信満々に言える傾向があると書かれています。このような生き物としての違いが、女性が自分の能力を過小評価し、管理職やプロジエクトリーダーにならない理由の一因かもしれません。私も完璧主義なところがあるので、絶対にできると思ったこと以外は「できる」とは言わないでいました。

しかし、働いているときに自分にとって背伸びに感じるプロジェクトに声をかけられることはありませんか？　もし、この特性を理解していれば、例えば「やってみる？」と声をかけられたときに、いつもは自分はできるのにできないと言ってしまったり、過小評価してしまっても、今回こそは「やってみようかな」と思うきっかけになるかもしれません。実際、この事業ではミドル〜ハイキャリアの女性に向けた転職サービスを展開していますが、実際の当事者の方々は「ハイキャリアのためのサービス」と謳うと自分がそのレベルに達していないと感じる方が多いようなのです。自分自身がハイレイヤーではないと思っていても、実は非常に優れた能力を持っている方が多いのですが、そう思っていない方がたくさんいます。

自分を過小評価してしまう人間だと認識しておくと、突然降ってきた大きな仕事に対しても、後先考えずにとりあえず「やってみます」と言えますし、実際にチャレンジしてみるととても面白い仕事ができたり、貴重な体験ができ、さまざまなチャンスへと広がると思います。万が一、自信がなくても大丈夫。「やります」と答えてからだって、不安なことがあれば聞けばいいのだから。

52

誰と一緒に働くかを大切に生きる

仕事とは、1日8時間、ときには10時間以上もの時間を使うもの。時間だけでなくたくさんのエネルギーを使っているし、楽しいことばかりでなく、ときには辛いことや嫌なことも起きるので、居心地が良かったり尊敬できたり、自分にないものを持っていたりする仲間とともに頑張りたい。「誰と一緒に働くか」を大切にしたいといつも思っています。

起業して集まってきてくれたメンバーは、一緒に仕事ができて良かったと心から思える人たちで、日々たくさんの刺激を受けていますし、もし再び起業する機会があって違う事業を立ち上げるとしても、同じメンバーで新しいことに挑戦したいと思えるほどです。また、昨年、フリーランスPRの河野なみこさんと「10年偏愛できるもの」をテーマにしたプロジェクト〝mememe〟をスタートしました。こちらはあくまでも不定期・単発で自分たちのペースで運営していくものですが、仕事でも友人としてもよく会う河野さんと、これからの長い人生の中でずっと楽しく働くにはどうしたらいいんだろうというような会話をしていたとき、全く異なるところから「ポップアップを一緒にやらないか」と声をかけられたことがきっかけで始めたもの。それぞれ本業があるからこそ、利益や規模を追いかけずに自分たちの心が満たされ、購入してくれたり接点を持ってくださった方の心も潤うような取り組みができたらいいねという思いで、私たちのライフワークという位置づけにし、大切に温めていこうと思っています。

「この人と仕事をしたい！」というのは、直感でいいと思うのです。私の場合も直感やその人の香り＝雰囲気が大切で、初対面のときの挨拶や名乗っているときのわずか5秒程度でもその人の人間性が伝わるので、そのときの直感を信じることも多いです。そして周りの人にある程度興味がある人かどうかも大切な気がします。

自分が一緒に働きたいと思う人との直感を大切にすると同時に、その思いをタイミングよく伝えることも大事。伝えることで、その人と何かを一緒にできる可能性も広がっていくと思います。つねに「この人と何かしてみたい」という気持ちにアンテナを張っておくと、どんどんと新しい挑戦ができると思います。

53

好きな人と働けない場合は自分の関わる人を好きになれるように努力する

前の章で、「誰と一緒に働くかを大切に生きる」というお話をしましたが、とくに会社員として働いている場合は、ときに組織の中で人間関係に悩むこともあると思います。配属されたチームメンバーを自分で選ぶことができないため、どうしても人事の決定に従わざるを得ません。もし私が今も会社員であったなら、密に接するチームメンバーとの関係を良好に保つために、努力をすると思います。

例えば、50代半ばの男性上司がいるとします。その人が仕事においては厳しい結果を求めるタイプだとしても、実際に近づいて話してみると、休日にはいいパパだったり、意外な趣味を持っているかもしれません。その人も、もしかすると若い女性社員に対して自分の趣味を話しにくいと感じているかもしれません。

仕事を通して同じ時間を共有する相手なのだとしたら、その人に対して一生懸命興味を持とうとすると、どこかにその興味を抱ける糸口が見つかるかもしれないですし、共感できる話題が見つかるかもしれません。私自身も20代の頃は自分のことに必死でこんなふうには思えなかったのですが、一瞬で「この人とは馬が合わない」と切り捨てるのではなく、自分から歩み寄る姿勢が大切だと最近改めて思います。

もちろん、相手の方にも自分に興味を持ってもらうことが大切。双方が興味を持たなければ、良好な関係は築けません。相手の年齢や性別に合わせて、共通の話題になりそうなものを提供してみるといいでしょう。例えば、「私、ゴルフ部に所属していたんです」と話してみると、相手がゴルフを好きだった場合、それだけでコミュニケーションが図れたりします。必ずしもしなければならないことではありませんが、人間関係に悩んだときは、少し心掛けるといいことがあるかもしれません。

54

好きな人たちと働くためには小さなアップデートを続ける

起業したＮｅｗＭｅに集まったメンバーと一緒に働くことができて心から感謝している、というお話をしましたが、たとえ自分がこの方と働きたいと思ったとしても、相手も自分に興味を持ってくれなければ成り立たないという現実があります。そうなると、自分の成長が止まったり停滞したりしてしまうと、そのような方達とは働くことができなくなってしまうのではないかと感じています。

このような思いから、フリーランスとして働くようになってからはとくに、一種の焦りを感じるようになりました。現在の私の働き方では、起業した事業以外の仕事については、クライアントからのオファーを待つ立場にあります。そういった意味でも、細かいチャレンジを続け、自分のセンスや感性をアップデートしていかないと、新たな縁は舞い込んできませんし、怠けていると好きな人たちと働くというしまってしまい、「好きな人と働く」なんてことすら言えなくなってしまうと思うのです。

だからこそ、自分を怠けさせず、つねに努力を続けていかなければならないと思いますし、好きな人たちと働くためには、日々の小さなアップデートが必要だと感じています。怠けずに努力を続けると、自分が素敵だなと思う人たちとの出会いが増え、自分にとって充実した仕事ができるようになると思うのです。

なんて偉そうなことを言ってしまいましたが、本来私は最強の怠け者で、理想の休日の過ごし方は誰もいない自宅のリビングルームでソファに鎮座し、手の届く範囲に携帯やお菓子、リモコン、雑誌、ドリンクを置いて、一歩も動きたくない。そんなことをつねに思っているタイプです。自分の本質がそんなふうだと知っているからこそ、スイッチを切ったらとことん怠惰の沼にズブズブっと両足が沈んでいって一生抜け出せなくなってしまうのが怖くて、一生懸命自分のお尻を叩いている感覚です(笑)。でも時々自分の怠惰スイッチを入れて甘やかさないと何も頑張れなくなるので、子どもが寝静まった夜中に、ソファに1時間だけ溶けたスライムのようにへばりついてNetflixを眺めるのが最高に幸せな瞬間です。何事もオンオフを大切に生きたいなと思っています。

55

いくつか選択肢があるなら人と少し違う道を歩んでみる

今の時代、さまざまな業界で活躍されている方々の働き方を見ると、特定の領域で直球勝負をしている人ももちろんたくさんいますが、私がとくに面白いと感じるのは、意外な活動をしている人たち。

例えば、ＡＫＢ48を卒業した小嶋陽菜さんが、自身のアパレルブランドＨｅｒｌｉｐ ｔｏを立ち上げ、素晴らしいチームを形成しながらビジネスとして大きく成長させていたり、彼女だけでなく、ひとつのことだけに頼るのではなく、独自の世界観を持っていろいろなことに挑戦したり、新しいことにトライしようとしている人たちを見ると、とても刺激を受けることが多いです。

私は、これまで多数決で数が多い方に賭けるタイプでした。「普通が一番」と思いながら育ってきましたし、基本的には「現状維持」が目標で、変化や進化に興味がなかったのです。しかし、ADとしてキャリアをスタートさせてアナウンサーになった経歴だったり、退社して自分の足で立ってみるというひとつの道だけを進むのではなく、さまざまなことに挑戦している今、自分が歩いてきた道を振り返ると、人とは少し違う道を歩んできたことに気づきました。でもそんな凸凹な道を小走りする中で、たくさんの素敵な人との出会いがあったり、応援してくださる方に出会うことができました。

今は、ひとつの道を極めるだけではなくマルチタスクが武器にもなる時代になっていると思います。もしこの先、人生を歩む中でいくつかの選択肢の中から自分が進む方向を決めなければいけない局面に出くわしたとき、人とは少し違うオリジナリティのある道に進んでみると面白い景色が見られるかもしれません。

56

「難しいけれど頑張っていること」をつねにひとつは持ち続ける

仕事・子育て・趣味・ボランティア。人生において、情熱を注ぐことは人によりさまざまだと思いますが、どんなことでも、自分にとってラクだったり簡単すぎることって、いくらやっても〝頑張っている〟という感覚って芽生えないですよね。

そんなときは、何かひとつでも〝少しだけ難しいこと〟に挑戦してみると、心の満足度が上がる気がします。心が満たされない理由は多々あると思いますが、もし自分自身に対する不満を抱いてしまっている場合は、少し背伸びをしてまずは頑張ることを決め、それを成し遂げることで少し自信がついたり自分を認められるようになる。そんないい循環を生み出すきっかけが〝少しだけ難しいことにチャレンジしてみる〟だと思うのです。

なぜそう思ったかと言うと、私の場合、「子育てと仕事の両立」というのがとても難しいことで、今まさに頑張っていることのひとつでもあるのですが、今思えば、子どもが生まれる前の自分って、ただただ楽しい毎日で、今なんかよりもラクしていたなと思うことがあります。それはそれで、その時期はハッピーだし最高の時間ではあったのですが、子どもが生まれて起業もしてという今の状況になってみて、子育てと仕事の両立は難しいけれども、自分が頑張っていることがあるからこそ、日々の生活に張り合いができたように感じているのです。

頑張っていることは、仕事でも趣味でもいい。難しいことじゃなくたっていいのです。例えば、仕事の提出物を期限の2日前には必ず出すとか、余裕を持って定時の15分前に必ず到着する。カラオケが下手だから、ボイストレーニングに通うとか。私も歌が下手なのでいつか行ってみたいと思っているんですが(笑)。他にも、料理が苦手だからお母さんに習うとか、休日を充実させるために着付けを習う、など。できれば苦手意識を持っていることができるようになったというふうに、わかりやすい変化があるとより満足度が上がるので自分の〝ちょっとした苦手〟から目標を探しましょう。ひとつでもちょっとだけ頑張っていることがあると、自分の経験が増すだけではなく、それが自分の自信にもなる。自分を褒めるきっかけにもなるかもしれませんね。

57

人の香りをしっかり嗅ぎ分ける

学生の頃から人に興味がありました。初めてお会いした方に対して「人としてすごくいい香りのする人だな」とか、「自分にも他人にも厳しそうな方だな」など、その日出会った人のことを、寝る前に無意識に反芻したりする中で、また会いたいなと思う方には積極的に連絡して親交を深めたり。社会人になるといろいろな人と出会う機会が増え、人間関係もより複雑になるため、出会うすべての人を嗅ぎ分ける必要はありませんが、嗅ぎ分ける感覚を研ぎ澄ますことは大切だと思います。その嗅ぎ分けは、合っている合っていないの答え合わせをする機会はあまりないですし、感覚的なものですが、人に興味があるタイプの人は無意識にしていることかもしれません。

個人の尺度によりますが、私の場合、初対面の方と会うときになんとなく人柄を感じるのは、こんなポイントです。

①はじめましての挨拶をするときの様子と第一印象
②どんな相手に対してもフラットに話をするか
③話すときにその場にいる全員の目を見て話すか
④自分の話す比率と相手の話す比率に配慮するか

例えば、全員の目を見て話すかどうかについては、ミーティングの場でも食事の場でも、全員の目を見ながら話す人と、決定権のある人だけを見て話す人がいますが、私は全員に目を向ける人の方が素敵だなと思います。わかりやすく言うと、ADからプロデューサーまでいる会議で、プロデューサーだけ見て話すのではなく、その場にいる全員の目を見て話す人とか。その他、夫の会食に同席するときに男性陣だけでなく奥さんたちを含め、その場にいる全員のことを見て話す方は個人的にとても素敵だなと思います。また、話す相手によってテンションが変わったり高圧的になる方はなんだか信用しきるのが少し怖いなと感じます。

人それぞれに居心地のいいタイプや、この人好きだな、少し苦手だなと思うポイントは異なるので、なんとなく自分の感覚を研ぎ澄ましていくイメージです。私もまだ自分の感覚が確立できている感じはしていなくて、年を重ねるごとにいろんな人に会って、香りの嗅ぎ分けの経験値を積んでいくことで、その見極めができるようになると思います。もちろんその過程では、ちょっと失敗したり、嫌な思いをすることもあるはずですが、そんな経験を重ねることで、相手の香りをしっかりと嗅ぎ分けられるようになるのです。

58

おしゃれと清潔感を両立させる

運というものを考えると、「いい仕事が来る」「いいご縁がある」というような、相手があってこそやってくる運や人との関わりから生まれることが多いと思うのですが、その運をつかむには、清潔感や好感度を保つことが大切だと思っています。なぜなら清潔感は人としての信頼にもつながるからです。そしてチャンスはいつ訪れるかわからないので、どんなときでも清潔感を意識することは大事なことのような気がします。理想としては、おしゃれでありながら清潔感を兼ね備えた人。でもTPOに応じておしゃれか清潔感かを選ばなければならない究極の選択をするとしたら、私は清潔感を優先したいと思っています。

実際に清潔感ってどんなところに表れるのかというと、私は極論、肌と髪だと思っていて、たとえ顔の造形が良くても肌・髪がボロボロな方よりも、シンプルな顔立ちで肌・髪がツヤツヤしている方が美しく見えたり、くせの強い髪質だとしても綺麗に整えられていたりすると個性と清潔感があってとても素敵だなと思います。生き生きとして、健やかな印象を与えるためには、肌のツヤや髪の手入れから力を入れてみるのはいかがでしょうか。

私自身も、エステなどに行く余裕が全くないので、毎日のスキンケアアイテムやヘアケアアイテムを工夫することで肌・髪が荒れにくくなって少し自信が持てるようになり、そうなると結果的にケアに使う時間も短くなると一石二鳥だなと思い、日々試行錯誤しています。ただ年齢とともにシワが増えてきているのも事実。自然な美容医療もそろそろ気になる年頃。でも私が素敵だなと思う40、50代の女性たちは、シワを肯定的に受け入れている方が多いです。笑いジワが刻まれていても、それがとても幸せそうに見える人もいたり……。年相応の美しさってあると思いませんか？　個人的には、60歳になったときにマイナス10歳の若作りを目指すのではなく、60歳らしいナチュラルな美しさにたどり着けているといいなと思います。なぜなら年齢に抗って若作りするのって、今まで自分が経験したことや時間を否定するような気がします。もちろんそこには、辛いことがあったり、疲れてクマができてしまったなどいろいろあると思いますが、「それらを全部含めて自分だから」と肯定できる方が幸せだと思います。

学生の頃の私は、当時の人気雑誌やモデルさんの影響を受け、裾からポケットが見えているショートデニムを履いて、当時は流行っていたモカシンシューズを履いて渋谷の街を歩いていたのですが、今思うと清潔感のかけらもない格好をしていました(笑)。それも、当時のその経験と、社会人になっていろいろな経験をしたからこそ、清潔感がないと気づくことができたのだと思います。渋谷で過ごしたあの日々も私にとって人生の中の大切な思い出ですが、年を重ねるにつれ、自分の理想の素敵な女性像に近づけるように努力したいと思います。

59

水をたくさん飲むと体が巡る

子どもがまだ小さいため、食生活に気を使う余裕はあまりありませんが、水を意識的に飲むことには気を配っています。水分をしっかり摂ることは、肌の状態だけでなく、体調も良くなるなど、体に大きな影響を与えるものだと思っています。「喉が渇いたな」と感じるのはすでにもう水分不足だと知り、一日中水をちょくちょく飲む習慣がつきました。できれば味付きの飲み物などではなく、水の方が体の循環がより良くなる気がするのでおすすめです。

毎朝のルーティンとして、起きたらまずコップ一杯の水を飲むことから始まります。本当は白湯を飲むのが理想ですが、子どもが小さい今はそんな余裕もないので、常温で飲むことが多いです。暑い夏でもできるだけ氷は入れないようにしています。

また、日中もつねに水を持ち歩くようにしており、ペットボトルやタンブラーをバッグに入れておくのが習慣。こまめに飲むようにしていて、トータルでは一日2リットル以上飲んでいます。

世の中には水が苦手という方もいますよね。私の周りには、「味がないから水が苦手、お茶の方がいい」という方が結構います。水って味がないように感じますが、実は水でも飲みやすい水、飲みにくい水というのがあって、好みですが私は硬水が苦手。ふるさと納税を活用して我が家では日本中のさまざまな銘柄を飲み比べたことも。水って飲み慣れてくると甘さや軟らかさなどで味にしっかり個性があるので、気に入った味の水に出会えると、よりグビグビ飲めるようになると思います。

水を積極的に飲むポイントとしては、あまりルールを作らないこと。水だけにこだわって、他のものを飲まない！ということはせず、好きなものを飲んでいいということ。私も大好きなアイスコーヒーは毎日しっかり飲みますし、仕事終わりのビールもしっかり頂きます。水だけを摂取するといったように、水以外の飲み物を制限することはせずに、好きなものを飲んでいます。ただお酒を飲むときはなるべく同量の水を飲むなどした方が翌日調子がいいので、あまり身構えずに好きな味の水をしっかり摂るようにしています。

60

40、50代になったときに自分の幸せを知っている女性でありたい

最近、仕事で40、50代の女性の方々からお話を伺ったり、そうした世代の方々の記事を雑誌などで読んだりしていると、とても素敵な女性に出会うことがあります。具体的には、雨宮塔子さんやジェーン・スーさん、堀井美香さん。皆さんそれぞれにとても素敵な生き方をされていますよね。

日々お会いする素敵だなと思う女性たちに共通するのは、「自分の幸せの尺度を持っていて、自分にとっての幸せを理解している人」です。その上で、例えばひとりでいても友人といても、自分のリズムを崩さずにどんなときもフラットな自分でいられて、人と自分は比較せず、「人は人、自分は自分」と分別がついている方。なぜそんな大人の女性たちは皆さん素敵に見えるのかというと、おそらく自分を理解し、

満足していて、心が満たされているからではないかと思うのです。

自分が満たされていないと、つい他人に厳しくなったり、他人の行動や言動に対しても否定的な見方をしてしまいがちですが、自分自身が満たされていると、他人に対しても寛容になり、優しさを持って接することができる気がします。

年齢を重ねれば重ねるほど自分に満足し、心が満たされていたいと思うのですが、自分を満たすためにはどうすればいいかを考えると、何事も頑張ることや努力を重ねることが必要だということに行き着くのです。仕事でも子育てでもなんでもいいのですが、何かを自分なりにしっかりと頑張っていれば、自然と自分自身を褒めることができると同時に、心が満たされていくのだと思います。

その頑張りは、大きなことを成し遂げようとしなくたっていい気がします。たとえ小さなことであっても、自分で設定した目標を少しずつ達成していくことで、自分を満たしていくことが大切なのです。

61

「自分らしさ」を理解できている大人の女性になりたい

20代の頃、仕事を通じて「自分らしさとは何か」ということに非常に悩んでいた時期がありました。その答えがなかなか見つからず、もがきました。NewMeのキャリアイベントなどでお会いする、働く20代女性の多くが「自分のなりたい将来像がわからない」「自分に自信がない」「自分らしさや自分の強みが見出せず不安」といった悩みを抱えていて、漠然とした解の出ないその悩みを抱えながら仕事と向き合うのは精神力もすり減ってしまい、本当に苦しいことだと思います。「自分らしさ」について考えると、海外では、幼少期から「自分は一体何者なのか」ということを考える機会が多いと聞きますが、見た目や宗教が全く違い異文化や多様な人種が交ざり合うという環境だからこそ、自分らしさや自己認識というものが自然と育まれるのかもしれません。

一方で私たち日本人は、学校での教育の中で自分とは何者かを考える機会があまりなかったように思います。それにも関わらず、就職活動の際に突然、「あなたらしさは何ですか？」「何になりたいですか？」と問われてしまう。大学生になって急に自分とは何かを考え始めるという仕組みなので、20代に自分の個性について大いに悩んでしまうのだと思います。

今振り返ると、30代半ばに差し掛かり、ようやくほんの少しだけ自分らしさが少しずつわかってきたように感じますが、これからの人生、とくに40、50代になり、自分との付き合いがさらに長くなるにつれて、ファッションやライフスタイルでの居心地の良さが把握できるようになり、もっと自分らしさが明確になっていくのではないかと思っています。

今のところ、「生真面目な楽観主義」という感じで自分のことを認識しているのですが（笑）。これからもありのままの自分を大切にしながら生きて、50代に差し掛かったとき、どんなふうに自分を捉えているのかを楽しみにしてみようと思います。

62

最高の仲間がいる大人の女性になりたい

大人の女性には、あまり群れずに自立しているかっこよさがあると思いますが、逆に誇れる仲間がいて、自然体でいられるホームのような場所があると人生がとても豊かになるなと思います。

先日、私のマネージャー栗生果奈さんの誕生日会に参加したときのこと。彼女は人と人をつなぐのが得意な人で、その会には仕事仲間、ＭＢＡ取得のため通学している大学院の友人、同じマンションのママ友など、職業や年齢・コミュニティの垣根を越えたたくさんの人が集まり、誕生日を祝いました。彼女は40代で、自分の周りにいる人たちを自然とつなぎながら、誰といてもラクで居心地がいい関係を築くことができていて、すごく素敵だなと感じたのです。

私の夫も人を自然とつないでしまう天才で、仲間が多いのは本当に幸せなことだなといつも隣で見ていて思います。私もこれまでたくさんの人に支えられ助けられてきたからこそ、もう少し自分自身に余裕が出てきたら、そんな周りの方々にどんな形で恩返しをしていけるのか、人生後半はそんなことを考えながら生きられるといいなと思っています。

ひとつのコミュニティだけで仲を深めていくのも素晴らしいことですが、仲間がいることで、人生はより豊かになり、さまざまな経験を通じて成長できるのではないかと思うのです。もちろん、薄く広くではなく、深く深くつながれるとベスト。そんな仲間がたくさんいる大人の女性を目指していきたいと思っています。

63

スタイルよりも姿勢と素肌が大事

20代の頃は、30代の先輩を見て、素敵だなと思っていましたが、30代半ばになった今は40、50代の素敵な女性を目で追ってしまいます。最近、街なかで見かけたり、記事を読んだりして素敵だなと思う40、50代の方々を見ていると、スタイルとか体形よりも、姿勢が大事だなと思うようになりました。20代の頃は、細さや太さにこだわりがちで、スタイルばかりが気になっていましたが、50代になると、体形やスタイルよりも、背筋が伸びていると若々しく見えたり、生き生きと見えるので、姿勢の重要性を改めて実感しています。

また、たとえシワが刻まれていても、厚塗りのメイクをするよりも素肌美人の方が魅力的ですし、自分の素質を活かしたメイクや、くせっ毛を活かした髪形などをしている方々は、年齢に抗うことなく自分を受け入れているように見え、自分を受け入れた先にあるおしゃれが、彼女たちの魅力を引き立てていると思うのです。

等身大の自分を受け入れて年齢に合った素敵なおしゃれをしていたり、自分らしい衣食住のスタイルを持っている方々は本当に魅力的だなと思います。若い頃は可愛さやメイクで人間性すらカバーできる気がしますが、年齢を重ねると見た目や雰囲気にその人の生き様が表れる気がして、だからこそ自分にますます誠実に生きたいなと思うのです。

64

どんなことも明るく笑い飛ばせる大胆さを手に入れていたい

20代の頃は、自分に向き合える時間がありすぎて、つまらないような些細なことまで気になっていました。でも30代になり子育てを始めたことで、自分と向き合う時間も減り、小さなことを気にする暇もなく、いい意味で「母ちゃん気質」になったこともあって気持ちがラクになってきました。

これから先、40、50代になると、子どもも大きくなり、また時間もたっぷりできるようになると思うので、さらに心に余裕が生まれ、「小さいことを気にせず、いつも笑っていられるようになりたい」と思うようになりました。

最近、長期でパリに滞在しましたが、フランス人はチャーミングな方が多いなと改めて感じました。日本は、足並みを揃えることが美徳とされていて、誰かが嫌な気分にならないように、最近で言えば炎上しないようにと気を使う側面もあると思います。私が見たパリに暮らす人々は自分に誇りを持って生きているように見えて、清掃員の方でも、バーテンダーの方でも、街で電車に乗っているお年寄りでも、自分に満足しているように見え、いい意味で他人を気にしないで生きているように感じました。

年を重ねるごとにチャーミングでありたいし、60、70代になったときにチャーミングでいられるのは本当に素敵なこと。でもどうやったらチャーミングな人になれるかと考えると意外と難しいことに気づいて、チャーミングさはどんなところから来ているのかを紐解いていくと、少しおちゃらけていたり、ちょっとした冗談が言えたりする心の余裕があって、自分だけの小さな楽しみや幸せを見出せること。そんな感性を積み重ねていくと徐々にチャーミングになっていけるのかなと思います。

もちろん真面目に生きるのはとても大切なのですが、元・生真面目族の私としては昔の自分を思い出すと、真面目すぎてしまうとどこか近寄りがたくなってしまうと思うのです。毎日必死に生きているけれど、やっぱり何事も笑い飛ばして楽しくいられる。年を重ねていくにつれ、そんな素敵なマダムになりたいと思います。

65

「ご自愛ください」が自然に言える大人になりたい

「ご自愛ください」は、私にとってとても大人な響きがある言葉です。

好きなポッドキャスト番組で、私の毎週金曜日の楽しみでもあるのがジェーン・スーさんと堀井美香さんの『OVER THE SUN』。番組の中ではいくつかのキーワードが登場し、中でも「ご自愛ください」はキャッチコピーのようになっていて、とても印象的な言葉です。

気づけば34歳になり、そろそろこの言葉を使う年齢になってきたと思う半面、私はまだ「ご自愛ください」と「主人」という言葉が自然に使えないでいます。

夫の呼称については、最近話題になっている「夫さん」という呼び方に着目するかたちで、先日ファッション誌『VERY』でも夫婦間の呼称をテーマに対談をしました。「旦那さま」や「ご主人さま」という表現に違和感があるから、「夫さん」

と呼ぶのがいいのではないか？　というもので、時代や年代によって夫の呼び方はさまざまですが、品のいいご婦人が「主人が」とさらっと言う姿や、目上の方から頂くお手紙の最後に「ご自愛くださいね」と添えてあるのを見ると素敵だなと思ってしまいます。

それに似たもので言うと、お手紙を書くときに使用する時候の挨拶を素敵に書けたり、季節に合った気の利いた手土産を用意したりと、ちょっとした心遣いができる人にも憧れがあります。そういう人は、お金や時間だけでなく、心にも余裕がある人だと思うので、とても魅力的に映るのですよね。あとは街なかで子どもに優しい言葉をかけてくれる素敵なマダムとか。そういうことは心に余裕がないとできないことじゃないですか？　私も将来は、心に余白を持ったおばさまになりたいです。

今はまだ1ミリの余裕すら持てていない30代ですが、バタバタと足音を立てながら、必死に生きることも大切だと思っているので、これから5、6年はそれを続けてみようと思います。ただ、40代後半から50代くらいになったときには、もう少し余裕のある自分になれたらいいなと。でも結局のところ、その頃になってもまだ必死で生きているような気がします（笑）。

66

サッカー・岡田武史監督の「人を育てるなんておこがましい」という言葉

岡田武史・元日本代表監督の子育て論の記事を読んだときに、「僕がよく言うのは、『人を育てるなんておこがましい』ということ。育つ手助けをするのではなく、人が育っていく邪魔をしないことが本質だと思うのです」（『Ｗｅｄｇｅ』２０２４年６月号より）という言葉が書かれているのを見て、心が軽くなったことがありました。

私が幼い頃、母は専業主婦で、すべての時間を私たち子どもに捧げてくれていて、瓶の蓋が開かないときには、すぐに気づいて開けてくれるような人でした。今の私は仕事をしながら子育てをしていて、母のようなタイプにはなれないのですが、やはり、「私は母親なのだから子どもを育ててあげなくては」というような思いがあって、想像以上に私の中には、母親像というものが強く刷り込まれていることに気づきました。

上の子は5歳の女の子で、非常にエネルギッシュでパワフルで、私も彼女の個性を尊重したいと思っていますし、夫は「子育てはもっと自由にやればいい」と言ってくれるのですが、場所によっては「落ち着いて!」「静かに!」とつい口走ってしまう自分がいます。あふれ出る個性を押さえつけてしまうのも違うなと感じつつも、つい口を酸っぱくしながらいろいろ言ってしまうという葛藤が生じるのです。

母がしてくれたような理想とする母親像と、そうなれないことへの葛藤を抱いたときに、岡田監督の言葉を思い出すと、「そうだ、子どもを育てるなんておこがましいよね」と思えて、私の心をスッとラクにしてくれるのです。


岡田監督は同じ記事の中で、「子どもは育っていくものだし、人生は失敗をするし、失敗から学べばいい」とも話されていて、私は子育ての場面で思い出すことが多いのですが、子どもだけでなく、大人にもあてはまるのではないかと思います。

でもその失敗の積み重ねが自分の成長や次へのステップにつながっていく、そう信じて、大人であっても失敗を恐れることなく、大胆に失敗していきたいなと思います。

67

「花にたっぷりと水をあげるように家族に愛情をかけるんやで」という義父の言葉

夫の両親は京都市で小学校教師として働いていました。お2人の小さなことに幸せを見出せる価値観や、孫との接し方など、とてもシンプルで、帰省するたびにハッとする気づきをもらえます。

2人ともそれぞれにやさしくて、独自の子育て論や概念を持っているのですが、子育てに悩んでいた私に対し、義父が「ゆりちゃんは仕事をしながらよくやっているわ。いろいろ悩むこともあったり、大変だと思うけど、ひとまずこれだけやっておけば大丈夫だから」と話してくれたことがありました。そこで言われたのが、「花にたっぷりと丁寧に水をあげるように、家族に愛情をかけるんやで」という言葉。

一瞬抽象的な言葉だなと思ったのですが、自分の中で噛み砕いてみると、子育てにおけるお守りのような大切な言葉だなと感じました。

というのも今の時代は情報があふれているので、どこの学校に通わせようとか、どんなカリキュラムを受けさせようとか、周りがこれに通わせているからうちも通わせなくちゃなど、あれこれ考えてしまいますが、それって子どもに求められたわけではなく、親のエゴでやってあげてしまうことだったりします。英語は話せた方がいいとか、いろんなオプションを用意してあげたくなるけど、愛情さえたっぷり注げば、自己肯定感の高い子どもに育つと思うのです。もちろん、英語を学ばせたり、さまざまな経験をさせたりすることも大切ですが、まずは子どもが自分自身を大切に思えるように育てることが大切。「自分で自分を満たせる人」になっていれば十分かなと思っています。

とはいえ、日々の育児は簡単ではなく、娘は活発なタイプでなかなかじっとしていられないことが多いので、つい感情的になって怒ってしまうことも。子どもであっても保育園や幼稚園で人間関係に悩むことがあって、もし娘が何か過ちを犯してしまうようなことがあれば注意をすることもあります。

ですが、義父から言われた言葉を思い出し、娘が自信を持てるような声かけをすることを心がけたり、毎日、「あなたのことが大好きだよ」と伝えることを忘れないようにしています。また、私と夫以外にも、姉家族や祖父母や私の友人たちなど、愛情を注いでくれる大人たちが周りにたくさんいることにも感謝しています。自分自身も、育児が完璧ではないからこそ、愛情を注ぎながら子どもと一緒に成長していきたいと思うのです。

68

夫から言われた「何のために仕事をしているの？欲しいなら手に入るまでやればいい」という言葉

先日、愛媛で仕事があったのですが、休みの時期ということもあり、家族と一緒に行くことになり、隙間時間を利用して道後温泉を訪れることにしました。

道後温泉近くの商店街で、若い女の子たちがお湯の「湯」という漢字と、ひらがなの「ゆ」がデザインされたチャームのついたキーホルダーを手にしていて、道後温泉本館をバックに楽しそうに写真を撮っていたのです。

それを見た私はなんだかそれが欲しくなり、駄菓子屋さんの入口にそのガチャガチャがあるのを見つけたのですが、1回600円という値段に驚きつつも、可愛いチャームが欲しくて挑戦することにしました。しかし、何回やっても目当てのものが出てこず、出てくるのは別のものばかり。もう諦めようかなと思っていたところで、夫が「もうやめるの？　普段何のために働いているの？欲しいんだったら出るまでやったら？」と後押ししてくれて、続けることに。結局３つもゲットすることができて、チャンスをつかめる人と、つかめない人との差がこういうところにあるのだなと思った瞬間でした。

夫は現実的なタイプの人間なので、仕事のことなど何か選択をしなければならないとき、なんでも相談しているのですが、いつも的確なアドバイスをくれます。俯瞰でその問題を捉えて90度回転させて違う角度から説明してくれるような感覚で、毎回納得させられ、気づきをくれます。このエピソードはガチャガチャをしたときのものですが、欲しいと思ったものを出るまで続けて、その結果得られたキーホルダーが本当にうれしくて（笑）。子どもの頃、一生懸命お小遣いを貯めてようやく自分の欲しいものを買えたような童心に返った瞬間でした。

69

家族は凸凹でいい
行動派の夫と受け身の私が
ちょうどいい

本来私はどちらかといえば受け身タイプで、遠出の企画や旅行の計画をしたこともない上、海外旅行にもあまり興味がなく、これまでの旅行はほとんどすべて友人や家族に誘われたものばかりです。基本的には人に誘われて行く受け身タイプ。しかし、夫や姉、親友を含め、周りにはエネルギッシュな人が多く、私の性格とうまく合致しているような気がします。

今まで夫と出かけた遠出も100％夫が企画してくれたもの。時々「そんなに受け身で楽しいの？」と聞かれることもありますが、受け身だけれど行ったら行ったで全力で楽しみ尽くすので、心からその旅を満喫しています。大学生の頃、周りの友人たちが留学や自分の目標に向かって行動しているのを見て焦るも、やっぱり何か大きなアクションをゼロから起こすのは苦手でした。その経験から、「まあいいや、周りからのお誘いにこのまま乗っていこう」と諦めたというか、受け入れることにしました(笑)。でも考え方を変えれば、もし私が夫と同じようにエネルギッシュで、「あそこに行きたい」「これをしたい」というタイプであれば、お互いに自分のやりたいことの半分しかできないのではないかと思います。私の娘もエネルギッシュでやりたいことが多いですが、下の子は穏やかでおそらく受け身タイプ。6カ月検診では、寝返りの素ぶりすら見せないことを心配しましたが、医師からは「お姉ちゃんとは真逆のタイプでバランスが取れていていいきょうだいだね」と言っていただき救われました。やる気に満ち溢れている父と長女、受身で穏やかタイプの母と長男でバランスが取れていると思います。全員がやる気満々だと成り立たないので、こうした凸凹なバランスがいい気がします。

受け身であるからこそいいこともあります。周りのエネルギッシュな方たちが誘い出してくれるのはもちろん、スケジュールを普段あまり詰め込んでいないので、「こうしたイベントがあるから行ってみない?」と夫が持ってきた楽しそうなものに家族全員で行くことができたり、友達から面白そうな誘いがやってきても参加できたりするのです。

また、自分から「この指とまれ！」と行動することは苦手ですが、そういう面白そうな話や面白そうな人へのアンテナはつねに張っているので、面白いことへの嗅覚は強い方です。本当は自分も「この指とまれ！」ができる、かっこいい大人になりたいのですが、こればかりは憧れややる気だけではどうにもなりません。受け身だからこそその特性を活かしながら、これからも面白いことをできるといいなと思っています。

70

いくつになっても2人で話し続けている義父母 その幸せのかたちは私の理想の夫婦像

私の両親は、いつも綺麗にスーツを着て、ゴルフが大好きでよく焼けていて、満員電車を避け新聞を読みながら朝早く会社に向かう真面目な父。とにかく愛情深く、人懐っこい優しい母。子育てをし始めて、母にはつねに手助けをしてもらっていて、孫への愛情の深さにいつも救われ、人として心から尊敬しています。私の中のスタンダードな夫婦像はやはり両親なのですが、結婚して夫の両親に初めて会ったとき、いろいろと驚いたのを今でも覚えています。小学校の教師だった2人はすでにどちらもリタイアし、今はゆったりとスローライフを楽しんでいるのですが、お2人はとにかくいつも一緒。ジムに行くときも一緒、買い物も、散歩もいつでも一緒。その姿は愛らしく、私の中の夫婦像に新たな像が加わりました。夫と付き合いを始めた頃、夫の実家に遊びに行った際に義父母が京都駅まで迎えに来てくれました。お義父さんが運転し、お義母さんが助手席に座り、私と夫は後部座席に座っていたのですが、「あそこのパン屋がオープンしたけどどうなん？」「あのうどんなんであんなに並んでいるの？」と何気ない日常会話を2人だけでずーっとしていました。何十年も連れ添っているのに、2人の世界があって、いつまでも会話が途切れずに話し続ける関係でいられるのは本当に素晴らしいなと思ったのです。

夫は3人きょうだいの末っ子で子どもの頃にフェンシングを始めました。素晴らしいコーチの元へ練習に行かせるために夜中に滋賀の自宅を出て、四国まで行くという生活を、車で送り迎えしながら支えたのは義父母です。もちろんオリンピアンになった息子を全力で応援しているものの、息子に対して過干渉するでもなく、基本的にはお2人の世界で完結している。でも帰省するとたっぷりの愛情で受け入れてくれる。2人を見ていると、2人で年を重ねていくことってこんなに楽しいのだと思わせてくれます。家のことをやったり犬の面倒を見たり、年を重ねながらも2人で楽しめることを少しずつ足していき、共通の趣味を楽しみ、毎日ジムに通ったり散歩に出かけたりする様子は、とても幸せそうです。

私の周りには仲のいい夫婦がたくさんいますが、ここまで会話が多い夫婦はあまり見かけません。義父母は、2人で一緒にいることが自然で、お互いにタイプは異なるものの互いに補完し合い、2人でいることでバランスが取れているように思います。お義母さんが笑いをもたらし、お義父さんが包容力を持ち、お義母さんがお義父さんを褒めることで、お義父さんは家事や料理も進んで行うという素晴らしい関係性。

夫婦のかたちはさまざまですが、何歳になっても一緒にどんなことでも楽しめるような関係を築けたら良いなと思います。

71

〝子どもは分身ではなく別の個であり別の人間〟

子育てがスタートしていくつも驚いたことはありましたが、そのひとつとして、「子どもは自分の分身ではなく、全く別の人間である」「自分とは異なる存在なのだ」と常々感じるということ。

というのも、上の子は活発でエネルギッシュで運動神経が良いなど、夫に似ている部分が多く、遺伝の強さで言うと夫の要素が多いかなと感じます。朝、幼稚園で夫や私とのバイバイが寂しくて泣いてしまうところはしっかり私の遺伝な気もしますが(笑)。今は勉強もiPadでお手軽にできたり、YouTubeでなんでも調べられたりと、時代が違いますし、習い事もいろいろやっていたり、自分の5歳の頃と比べものにならないくらいしっかりしているなとシンプルにいつも感動してしまいます。そのため、あまり自分の分身という感覚を持っていないのかもしれません。いい意味で自分の分身とは思わなかったこともあり、子どもの「個性」を大切にし、この子はどんな人間で、何を考えているのかというところにフォーカスしたいと常々考えています。

今は目まぐるしく変化する時代で、子どもたちはこれからを生きていくので、私がたどった道がすべて正解ではないと思うのです。学校に通わせるのだって、私たち親がたどった道を歩ませようとは思いませんし、自分の経験がすべて子どもたちの役に立つかはわからない。昔の大人たちがよくしていた説教のように、「私がこうだったから、あなたもこうしなさい」という考え方は、これからを生きる子どもたちにとっては、時代錯誤になっている可能性もあるのではないかと思うのです。人間関係のことや生きる上での姿勢は伝えたいと思うことがいっぱいありますが、それよりも逆に子どもから学ぶことの方が圧倒的に多いと感じています。

子育てに関しては初めての連続で進学や習い事、何が子どもに合っているのかわからなくなることが多く悩むことも。ですが、すでにお話しした岡田監督の名言へと戻るのですが、「育てる」と思うと悩みが尽きないので、悩んだときには一旦「育てる」という考えを手放してみようと思っています。子どもが子どもでいてくれる期間なんて一瞬で、あっという間に大人になってしまうはずなので、今の愛おしい瞬間をたっぷり楽しみたいと思います。

72

子どもの頃に見ていた両親の姿が親になって鮮明に思い出される

私の父は営業マンで、平日は早朝から夜遅くまで働いていたので、とくに私たちが小さい頃は母が家にいて私たち姉妹の面倒を見てくれていました。大学生や社会人になる頃には、そんな両親に感謝の気持ちが芽生えたり、大変だったことは想像できるようになっていたものの、本当の大変さを知ったのは自分で子どもを産んだ後。とくに2人目を産んでからはさらにその大変さを身をもって感じています。

当時は「ワンオペ」という言葉もない時代。父が忙しいので、子育てはほとんど母がしていましたが、困ったり心配なことがあっても今のようにインターネットやYouTubeで検索してみることもできない時代だったので、「一体どうやって育てたんだろう?」と、尊敬するばかりです。

父はいわゆる昭和の人間で、人混みも苦手なタイプ。平日は忙しく働いていましたが、土日になるといろいろなところに一緒に出かけてくれました。せっかちな父はおそらくかなり我慢しながら、娘2人をディズニーランドや遊園地に連れていってくれていたのだろうと、大人になり、ようやく当時の父の気持ちを知りました（笑）。くたくたに疲れて舞浜駅から京葉線に乗り、東京駅で降りたら広い構内を子ども2人を連れて歩いて、また電車を乗り換えて家に帰るというのがどれほど大変なことか、今となってはよく理解できます。

自分が大人になって子どもが生まれると、自分がしてもらったようにいろいろな経験をさせてあげたいと思うと同時に、親の大変さが理解できるようになったからこそ、若い頃の親の苦労を思うと、感謝の気持ちが込み上げてきます。

年上の先輩ママさんたちからは、「親が年を取って病気をしたりしてしまうと、親孝行をしたくてもできなくなってしまうから、できるだけ早いうちから親孝行してあげられるのはいいことだよ」という話を聞きます。

自分が親になってみて改めて親の有難みを身に沁みて感じたからには、ここから少しずつ親孝行をしていけたらなと思います。実際は孫育てに両親ともにかなり力を貸してもらっている状況なので、親孝行はおそらくもう少し先になってしまいそうですが（笑）。

73

悩んだときは立ち止まって悩むよりも動きながら決断する

子どもを育てながら起業した今、日々時間に追われる中でいろいろと決断をしていかなければならない局面が増えました。以前は自分で考え、その後人に相談してから決めるというプロセスが必要でしたし、人は自分の中で悩みきってやっと決断を下すことで、自分の意思決定能力に自信を持てるようになると思っていました。

私が会社を辞めようと決めたときには、たくさんの人に相談をしましたし、「数年悩んで決断したのできっと大丈夫」と、「しっかり悩んで決めた」というプロセスが、正しい判断ができたはずと思わせる安心材料のようでした。ですが今はまずは走り出してから決めようと思うようになりました。物理的に時間がないというのも理由のひとつではありますが、立ち止まっていると景色が変わらないのでぐるぐる同じところで考え続けてしまいますが、走りながらだと進む方向を変えてみたり、走り方そのものを変えてみたりと、より柔軟な決断ができることに気づいたからです。

そう思えるようになったのは、これまでに散々時間をかけて悩んだのに、決断ができずに困った数々の経験があるからこそ。とりあえず自分がよしとする方向に進みながら、少し違うなと思ったら角度を少し変えて進んでみる。そんなふうに右往左往しながら決断していく方が、自分に最適な道を進んでいけると思います。とくに、20、30代の女性は、結婚や出産などライフステージが変わりやすく、1年後には今と同じ状況に置かれているとは限りません。だからこそ、決断するよりも、動きながら物事を決めていく方が適しているように思うのです。

走りながら決断すると、止まっている状態で決断するよりもすでに何歩も前に進んでいるので、決断後にたどり着く場所が１００ｍも先に行っているかもしれません。例えば会社を辞めようかどうしようかとモヤモヤした気持ちを抱えているときに、自分の中だけで悩んで決める決断と、さまざまな人に会って相談しながら決める決断とでは、その先の可能性も格段に変わってくると思います。

思いもよらない発見やヒント、決断のポイントや答えは、自分や自分の身の回りだけにあるのではなく、走っていった先の意外なところに落ちていることもあるのです。だからこそ立ち止まって決めるのではなく、とにかくまずは走ってみる。これが大切なのではないかと思います。

74

大自然の中でのテントサウナをきっかけにサウナ好きに

私がサウナ好きになったのは、自然あふれる場所で行ったテントサウナがきっかけでした。当時私は育休中で、夫もリモートで仕事ができたので、滋賀と京都の県境の山間にある夫の実家で、テントサウナを張ってとことんサウナを楽しもう！と思いました。

そこにはハーブが自生していたので、山に入ってハーブを摘み、ハーブ水を作ってロウリュを行ったり、自然豊かな場所なので外気浴を行うこともできました。近くの湖から吹き上がる風がとてもやわらかく、想像以上にリラックスでき、心も体も整っていくのを感じたのです。サウナに入っているときの景色と、心理的ストレスから解放されたことによって、心の底から気持ちいいという感覚になり、テントサウナに入っていた時期は、とても深く眠ることができました。

大自然の中で行うサウナに、多くの方々が魅了される理由がよくわかりましたし、リラクゼーションを得られたり睡眠の質が改善されるサウナは、忙しく働いている自分にもぴったりだなと気づくきっかけにもなったのです。それ以降、北海道で雪の中で氷を切りだし、サウナから出た後にその中に飛び込むというアヴァントの体験もしましたし、地方も含めてさまざまなサウナを巡るほどサウナにハマっていきました。


そんなタイミングで、前職の先輩から「今度、表参道に女性のためのサウナを造る計画があるんだけど、一緒にやらない？」と声がかかりました。その頃、スモールビジネスや手触り感のある仕事を学びたいという気持ちがあったのと、サウナにハマっていたこと、自分に声をかけてくれたこともうれしくて参加を決めたのです。

当時はまだテナントをどこにするかも決まっていない段階で、私は立ち上げメンバーとしてプロジェクトに参加。集まっていたメンバーは私よりも一回りほど年上の素敵な人たちで、どのサウナメーカーのストーブを使うか、どんな設計士に依頼してどんな内装デザインにしていくかなど、ゼロから一緒につくっていく経験ができました。当時はサウナブームが始まりかけていて、競合もどんどん増えていくような時期でしたが、「女性のためのサウナ」というコンセプトは、独自性がありましたし、多くのサウナが男性向けに設計されていた中で、女性が安心してリラックスできる空間を提供することは、事業としてもとても面白いなと感じています。

75

来店されるお客さまも実感する心身の健康と肌質改善サウナで得られる効果・効能

サウナテラピーをオープンさせるまでは、表参道から徒歩5分という立地と完全に個室で単価も少し高めに設定しているため、富裕層の奥様たちが顧客層になってくださるイメージでしたが、実際にオープンしてみると、自分自身でお仕事を頑張っているような女性の皆さんに訪れていただいています。サウナは、何かを頑張っている人、とくに仕事や子育てなどで日中フルに頭を使っている方々におすすめ。運動をしたり、マッサージを受けたりと、リフレッシュ方法は人によって異なりますが、例えば1時間リフレッシュするという意味では、世の中にある数多のリフレッシュ方法の中でも上位に入るほどスッキリできるものだと思っています。

というのも、サウナは、体温を上げた後に水風呂で一気に下げることで、自律神経が整い、心身ともにリフレッシュできる効果があります。マルチタスクをこなして頭をフル回転させている方やストレスを抱えている方はとくに、心や体だけでなく、頭もリフレッシュできるのでおすすめです。

来店されるお客さまの中には、「ずっとサウナが気になっていました」という、サウナ初心者の方も多いのですが、そうした方々がサウナを体験した後の感動は大きいようで、実際に来店されるお客さまの客層などからも、仕事を頑張っている女性たちに寄り添った運営を心がけています。

私自身、妊娠する前は月に2、3回はサウナに通っていましたが、本当であれば週に一度は行くのが理想。週に一度通うと、体質改善が進み、肌の状態や体の巡りが良くなるのを実感できます。私たちの運営チームも営業しない休みの日にサウナに入ることがあるのですが、ファンデーションを塗らずに素肌で生活するメンバーや、以前よりも血色感が増した人など、良い影響を感じます。

この本を読んでいる方の中には、サウナ初心者の方や入り方がいまいちわからないという方もいらっしゃると思います。初心者の方向けのサウナの入り方と注意点、私のサウナでおすすめしている入り方をご紹介します。

初心者サウナの入り方と注意点

初心者の方がサウナを楽しむためには、まず自分の体調を見ながら進めることが大切。私の一番のおすすめは、サウナ好きの友達に主戦場としているサウナに連れていってもらうことです。

サウナ慣れしている人は、サウナの楽しさや入り方、ロウリュの適切な量や正しいあまみの出方なども教えてくれるので、初めての方でも安心して楽しみながらサウナを体験できます。何よりサウナ好きの方は大抵サウナの良さをかなりの熱量で力説してくれるはずなので、濃いサウナタイムが楽しめるはずです（笑）。

サウナに入ると、最初は熱さや水風呂の冷たさに驚くかもしれません。とくにロウリュのやり方がわからず、あまり水をかけずに終わってしまうと、湿度が上がらず、ただ熱いだけになってしまいます。サウナ好きな人と一緒に行くことで、湿度を調整してもらい、より快適な環境で楽しむことができると思います。

その上で、初めての方は次のことに注意しながら入るといいでしょう。

○体調を見ながら入る（疲れを感じているのは大丈夫だが、体調が悪いときは避ける）
○飲酒後のサウナはＮＧ
○水分補給をしっかり行う
○水風呂があるなら10～20秒だけでもいいので入る
○まずは温度が低めの下段に座る

水風呂があるサウナの場合、体が温まったら水風呂に入ってみてください。シャワーしかないところもありますが、水風呂に入り首から下を一気に冷やすと整い方が全く異なります。水風呂が辛いと感じる場合は、まだ体が十分に温まっていないかもしれません。とくに冷え性の方は、サウナの経験がないと、本当に体が温まった状態がわかりにくいと思います。水風呂がひやっとはするが気持ちいいと感じたら、体がしっかりと温まった証拠です。恐る恐る入る水風呂が心地良く感じてきたら、サウナがもっと楽しくなると思います。

また初心者の方は、温度が低めな下段に座るのがおすすめ。私は個室サウナでは上の段で顔に薄いタオルをかけて寝そべるのが好きなのですが、リラックスできるスタイルは人それぞれなので、自分に合った方法を見つけてください。

サウナテラピーでおすすめしている サウナの入り方

私たちのサウナは、店名にもなっている「サウナ＋テラピー」というコンセプトを掲げていて、香りを活かしたマインドフルネスな呼吸法を取り入れ、すっきりとした体験をしていただくことにこだわっています。ご来店いただいた際には、仕事や日常の悩みを一旦置いて気持ちをフラットにしていただき、その日の気分や体調に合わせて、シーズンごとにご用意している3種類の香りの中から好きなものを選んでいただくことからスタートします。着替え・サウナ・水風呂はすべて個室で、共用部も基本的には他のお客さまとすれ違うことがない設計になっているので、まさにひとりだけの時間。サウナに入室してからは90分間、誰にも気を使わずにサウナを楽しんでいただけます。

おすすめのサウナの入り方

○シャワーを浴びて汗を流し、洗髪を済ませ、しっかりと体の水滴を拭き取ってか

らサウナに入る
○自分で選んだ香りのロウリュ水でセルフロウリュをしつつ体の深部まで行き渡るようにゆっくり深呼吸をする
○Bluetooth付きのスピーカーを使って好きな音楽やポッドキャストを流し、時間を忘れてリラックス
○サウナ6～12分、水風呂1～2分、休憩5分を2～3セット繰り返す

サウナは常時80度前後に設定されており、男性用サウナのように温度が高すぎないので、初心者の方でも安心して入れますし、セルフロウリュを行うことで心地良い湿度と熱気を感じることができます。採用している「ikiストーブ」は、サウナファンの間でも評判が良く、密閉された空間設計になっているので温度のムラが少なく、初回からしっかりと汗をかくことができると思います。備え付けのハーブウォーターを飲みながら、しっかり水分補給をしつつ、サウナを楽しんでください。サウナに入っている時間だけは、とにかく無になってリフレッシュすることがおすすめ。サウナは、心身の健康を保つためにも有益な時間ですので、ぜひ体験しにきていただきたいです。

ふわっと心が軽くなるサウナ道

- ○ 体調を見ながら入る
  （疲れを感じているのは大丈夫だが、体調が悪いときは避ける）
- ○ 飲酒後のサウナはNG
- ○ 水分補給をしっかり行う
- ○ 水風呂があるなら10～20秒だけでもいいので入る
- ○ 温度が低めの下段に座る

※水風呂とシャワーでは整い方が異なるため、
　水風呂があるなら入るのがおすすめ。
※水風呂が辛い場合は、まだ体が十分に温まっていない証拠。
　水風呂が気持ちいいと感じるまでしっかりと温まること。
※サウナの中では自分がリラックスできる方法を見つけてみて！

サウナテラピーでのおすすめの入り方

- ○ シャワーを浴びて汗を流し、洗髪を済ませ、
  しっかりと体の水滴を拭き取ってからサウナに入る
- ○ 自分で選んだ香りのロウリュ水でセルフロウリュを
  しつつ体の深部まで行き渡るようにゆっくり深呼吸をする
- ○ Bluetooth付きのスピーカーを使って
  好きな音楽やポッドキャストを流し、時間を忘れてリラックス
- ○ サウナ6～12分、水風呂1～2分、
  休憩5分を2～3セット繰り返す

SaunaTherapy
東京都渋谷区神宮前3-4-7 エルム青山2F
03-6555-3714

Chapter

3

なりたい自分を目指すためのワークシート

ここでは目標としていることを達成したり、
なりたい自分になるためのワークシートをご紹介。
それらを細かく分解していくことで、
目標を達成するために必要な物事を
見つけ出していきましょう。

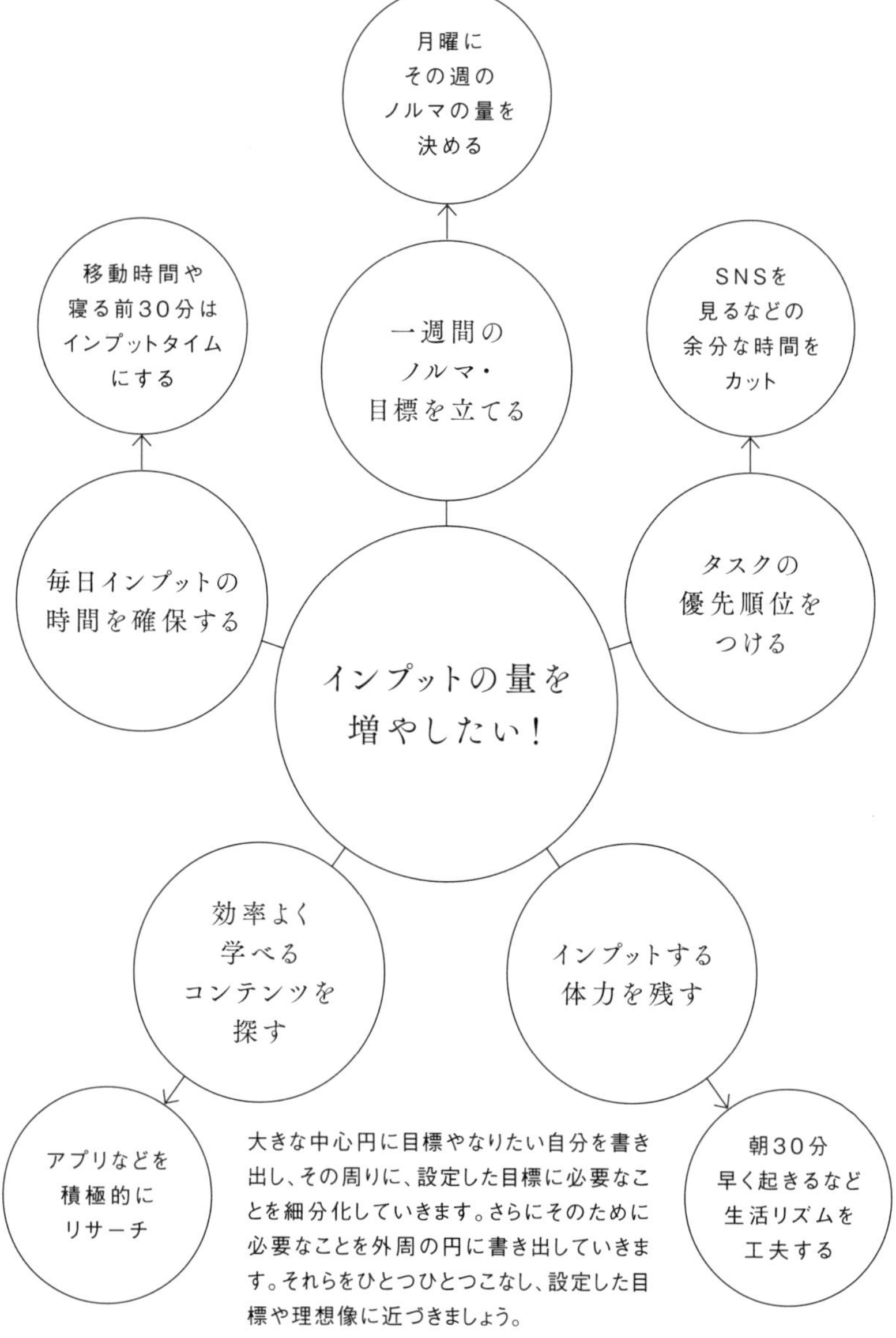

大きな中心円に目標やなりたい自分を書き出し、その周りに、設定した目標に必要なことを細分化していきます。さらにそのために必要なことを外周の円に書き出していきます。それらをひとつひとつこなし、設定した目標や理想像に近づきましょう。

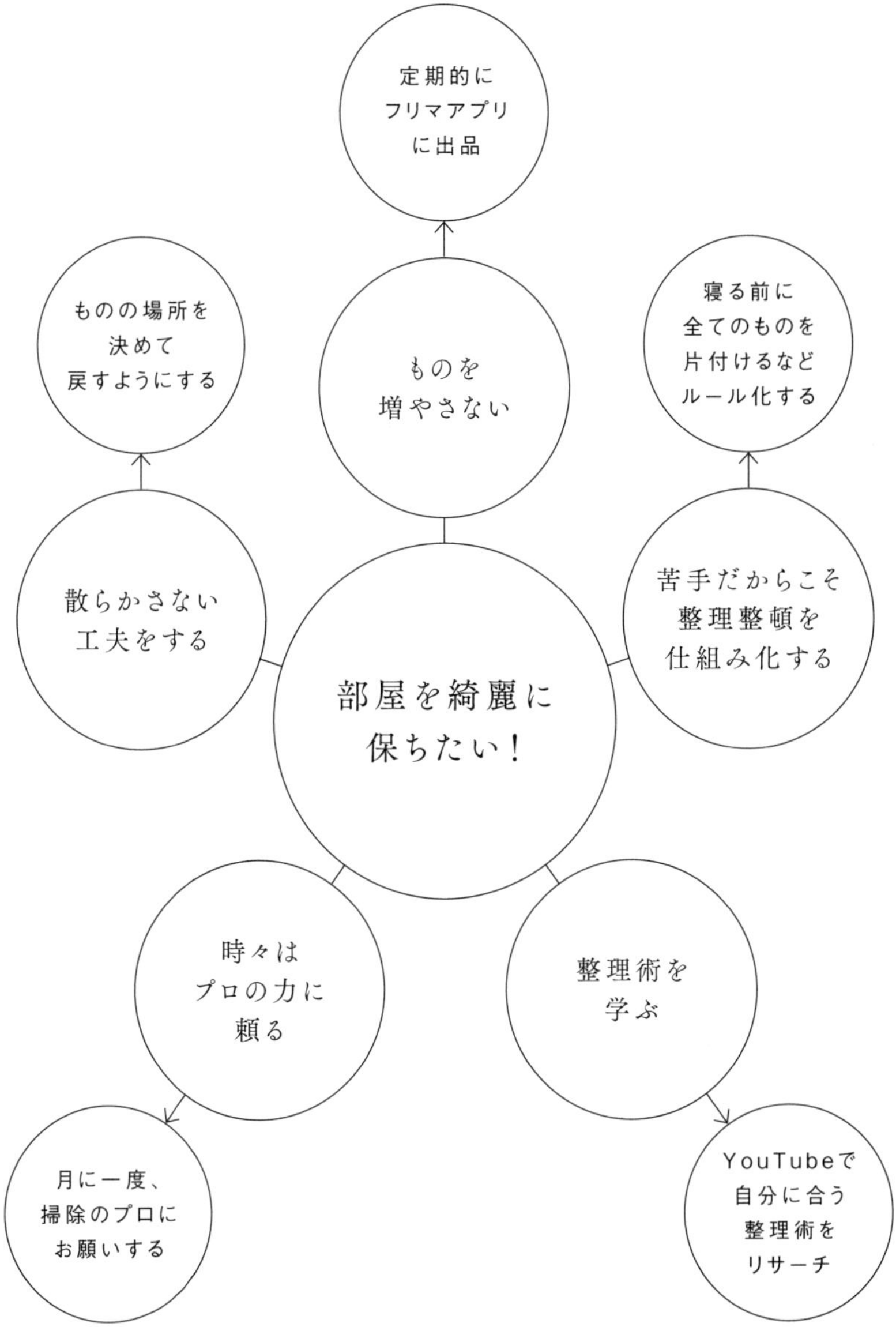
定期的に
フリマアプリ
に出品
ものの場所を
決めて
戻すようにする
ものを
増やさない
寝る前に
全てのものを
片付けるなど
ルール化する
散らかさない
工夫をする
苦手だからこそ
整理整頓を
仕組み化する
部屋を綺麗に
保ちたい！
時々は
プロの力に
頼る
整理術を
学ぶ
月に一度、
掃除のプロに
お願いする
YouTubeで
自分に合う
整理術を
リサーチ

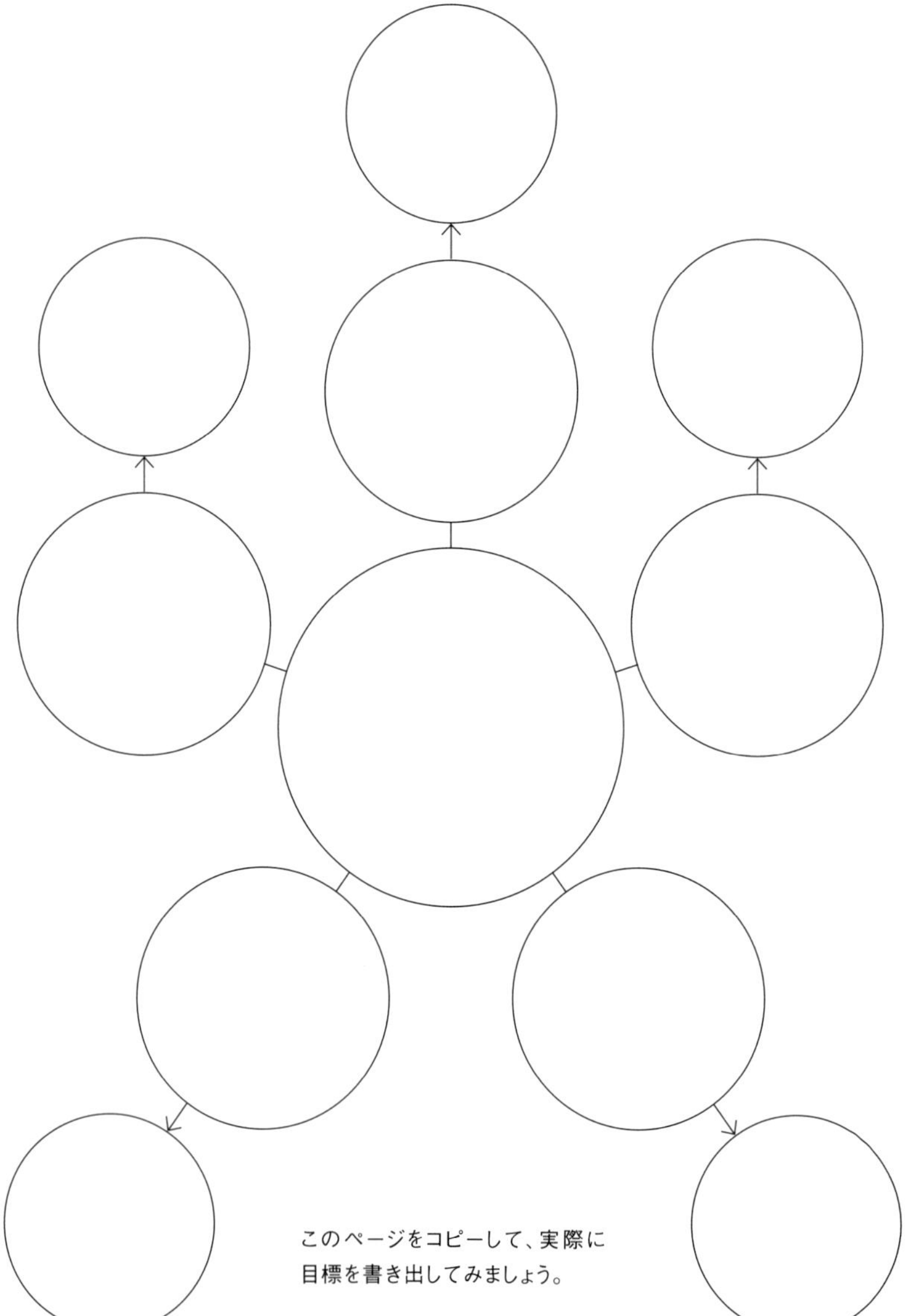

このページをコピーして、実際に
目標を書き出してみましょう。

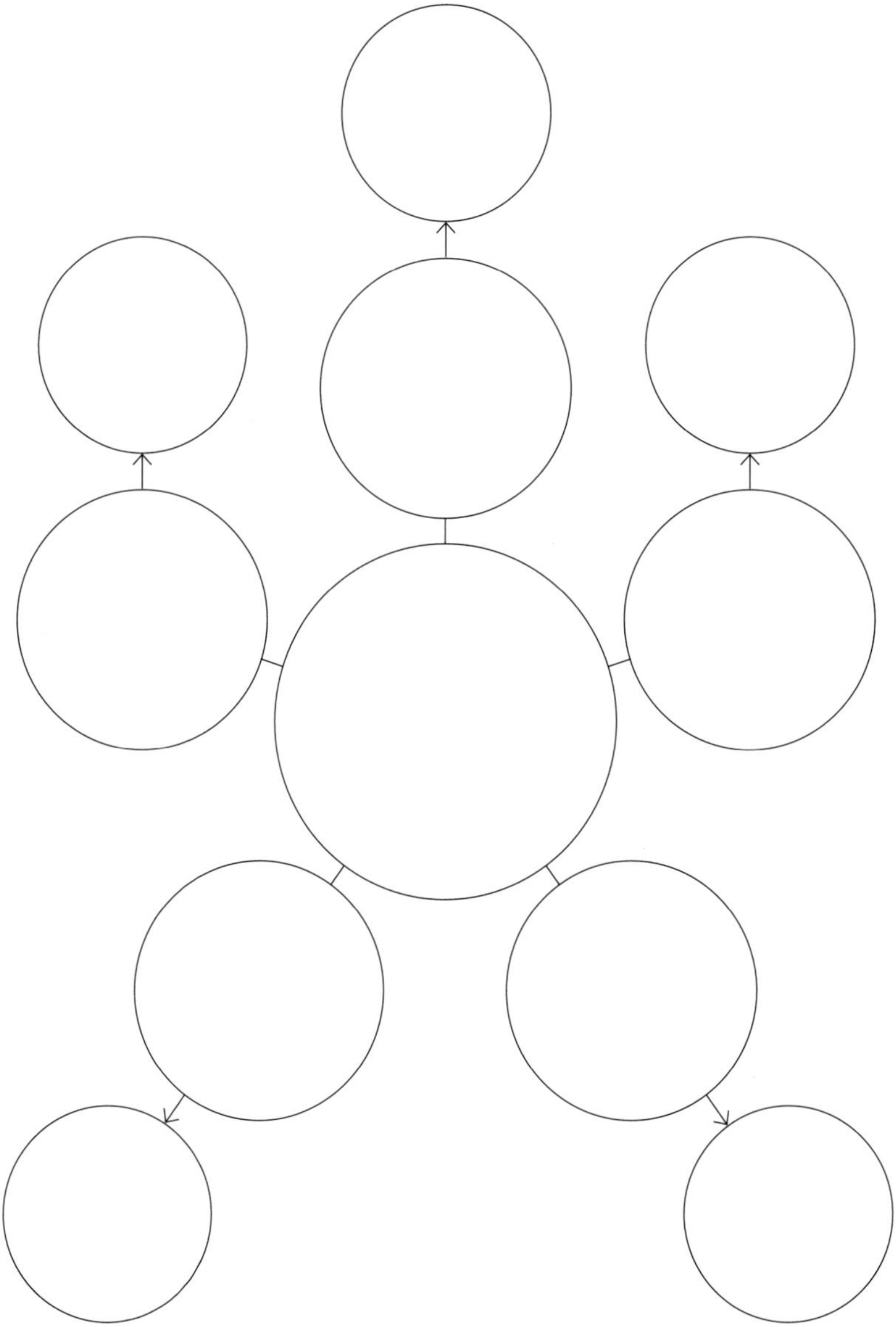

ポジティブマインドセット

プラス15%の前向《まえむ》きさで人生《じんせい》を好転《こうてん》させる方法《ほうほう》

2024年12月2日 初版発行

著者　笹川《ささがわ》 友里《ゆり》
発行者　山下 直久
発行　株式会社KADOKAWA
〒102-8177 東京都千代田区富士見2-13-3
電話0570-002-301(ナビダイヤル)
印刷所　TOPPANクロレ株式会社
製本所　TOPPANクロレ株式会社

● お問い合わせ
https://www.kadokawa.co.jp/(「お問い合わせ」へお進みください)
※内容によっては、お答えできない場合があります。
※サポートは日本国内のみとさせていただきます。
※Japanese text only

定価はカバーに表示してあります。

ISBN 978-4-04-684360-9　C0095